KB157051

워싱턴에서는
한국이 보이지 않는다

워싱턴에서는 한국이 보이지 않는다

최중경 지음

21세기 새로운 국가 대전략

한국경제신문

머리말

공직 생활 33년을 반성하는 마음을 최대한 갖고 이 책을 썼다. 미국이 주도하는 세계 질서의 내용을 제대로 알았다면 공직 생활 동안 보다 의미 있는 정책을 생산할 수 있었을 텐데, 제대로 알지도 못하면서 이런저런 일에 나선 것이 부끄러웠다.

이 책은 누가 잘하고 못하는지에 관해 말하고자 함이 아니고, 누가 더 알고 더 모르는지 따져보려고 쓴 것도 아니다. 단지 우리 모두에게 "한국의 국제적 위상을 제대로 이해하고 한국의 입장을 다시 정리하자"는 화두를 던지고자 하는 것이다.

필자는 책을 통해 우리가 스스로를 과대평가하면서 빚어낸 오류들을 지적함으로써, 우리의 현 좌표를 정확히 인식하고 나아갈 바람직한 방향을 설정하고자 다양한 시도를 했다. 또한 전략적 사고가 너무나도 부족했던 우리 민족의 과거사를 돌아보면서 국권을 상실했던 비통한 역사에 대한 성찰을 통해 민족 생존을 위한 국가 대전략Grand Strategy의 필요성과 시급함을 알리고자 했다.

나름 최대한 조심했지만 문맥 전개를 위해 본의 아니게 눈에 거슬리는 표현이나 불편한 사실에 관한 언급이 있다면 이 자리를 빌려 사과하고 정중히 양해를 구한다. 민족의 밝은 미래를 위해 다 함께 지혜를 모아보자는 뜻 이외에는 어떠한 다른 뜻도 없으니 너그러이 보아주시길 부탁드린다.

▲▲▲

미국의 수도 워싱턴은 세계의 중심이다. 세계 각국이 자기 나라의 이익을 위해 로비전을 펼치는 곳이다. 겉으로 보면 평온하고 아무런 티도 나지 않지만, 눈에 띄지 않는 가운데 치열한 로비전이 조직적으로 펼쳐진다. 필자는 워싱턴의 유수한 싱크탱크 중에 한 곳인 헤리티지 재단Heritage Foundation에 3년간 머무르며 대한민국이 웃자랐다는 사실을 깨닫게 되었다.

한반도와 동북아시아의 복잡한 세력 균형을 위해 어느 나라보다도 치열한 로비전을 펼쳐야 할 대한민국이 마치 초강대국이라도 되는 듯 로비전에 큰 관심을 보이지 않는다. 다른 국가들은 사활을 걸고 여러 각도에서 입체적으로 로비를 하고 있는데, 대사관 하나 세우고 강 건너 불구경하듯 있다 보니 워싱턴 주류사회의 관심 대상에서 한국이 점점 멀어지고 있다. 대사가 더없이 훌륭하고 대사관 직원들이 불철주야 열심히 일하고 있지만 공식 외교채널을 통해 달성할 수 있는 목표에는 분명 한계가 있다. 그럼에도 불구하고 대사관을 넘어선 로비 활동이 거의 보이지 않는다. 일부 대기업들이 워싱턴에 사무소를 운영하고 있지만 그들은 철저하게 자사의 이익에만 집중할 뿐이다.

민관군이 합심하여 치밀한 대외 전략을 세우고 조직적으로 로비를 해도 제 위치를 지키기 어려운 게 대한민국의 정확한 현실임을 알아야 한다. 예를 들어 이웃 나라 일본은 경제력이 우리보다 훨씬 크기 때문에 똑같은 효율성으로 로비를 해도 독도 문제와 위안부 문제 같은 역사 인식 문제에서 미국의 지지를 이끌어내는 데 훨씬 더 유리하다. 실제로 일본은 우리보다 로비에 훨씬 더 많은 돈을 쓰고 있을 뿐 아니라 효율성에서도 몇 수 위에 있다. 미국이 한일 양국 간 쟁점 사항인 영토 문제와 역사 문제에 관해 우리가 만족할 만한 수준의 입장을 취하지 않고 시간이 갈수록 일본 쪽에 점점 더 기울어지는 근본 이유가 여기에 있다.

그럼에도 중요한 안보 문제를 철 지난 이념에 연계시키고 국내 정치 차원에서의 상식적 당위론에 입각하여 다루다보니 전시작전권 환수라는 비현실적인 주장이 나오기까지 했다. 노무현 정부에서 주장했던 내용을 번복하기 위해 박근혜 정부의 고위 인사가 워싱턴을 방문했을 때, 한반도 전문가 중에 한 사람이 필자에게 다음과 같이 직격탄을 날린 적도 있다.

"그때나 지금이나 아무런 상황 변경이 없는데 지난 협상에서 전작권을 돌려 달라던 당사자가 이번에는 반대로 다시 가져가라는 주장을 하고 있다. 너희 나라는 실무 전문가들이 연구 검토한 보고서 내용이 정권에 따라 바뀌느냐? 게다가 왜 같은 사람이 정반대의 주장을 하는가?"

얼굴이 화끈거려서 진땀을 뺀 기억이 지금도 또렷하다. 미국의 입장에서 볼 때 한국이 도무지 이해하기 어려운 나라가 되고 만 것이다. 사람이나 바꿔 보냈으면 코미디 수준은 면했을 것이다.

중국의 굴기崛起로 동북아 안보 질서가 재편되는 가운데 재무장을 추진하고 있는 일본군의 한반도 상륙 문제가 가시화되는 중에도 우리는 위안부 문제에만 집중한 나머지 안보 정책의 균형 감각을 상실한 모습을 보였다. 그 결과 우리가 일본과의 대화를 거부하고 미국과 서먹서먹하게 지내는 사이 일본의 재무장이라는 중차대한 이슈가 미국과 일본 양국 간에 일사천리로 처리되고 말았다. 한국은 끼어들지도 못하는 상황을 자초한 것이다.

대한민국 정부가 중차대한 안보 이슈를 모르는 체하면서 일본만 놀기 좋은 상황을 만든 것이 이해가 되지 않는다. 감성적인 역사 문제에 몰입하여 흥분하고 있는 동안 정작 중요한 안보 이슈가 미 · 일 사이에서 일사천리로 진행되게 한 외교 · 국방 당국은 대체 무슨 생각과 복안을 갖고 있었던 것일까? 만약에 없었다면 훗날 역사의 준엄한 비판을 각오해야 할 것이다. "일본 자위대의 한반도 상륙은 우리의 동의 없이는 불가하다"는 입장만 되풀이하는 외교부와 국방부가 왠지 서글퍼 보이기까지 한다. 아니, 분노의 주먹이라도 날리고 싶다는 게 더 정확하고 솔직한 심정일지도 모르겠다.

1904년 2월 러일전쟁 개전에 맞추어 일본 육군 5만 명이 제물포와 진남포에 상륙했을 때 조선의 허락을 얻었다는 기록은 어디에도 없다. 전쟁 중에는 힘의 논리 이외에는 어떤 논리도 먹혀들지 않는다는 게 역사가 우리에게 보여준 냉엄한 현실이다. 《대한제국의 비극The Tragedy of Korea》(1908)을 집필해 일본의 침략을 서방 세계에 알린 영국 〈데일리 메일〉의 프레데릭 아서 메켄지Frederick Arthur Meckenzie 기자가 1904년 당시 일본의 움직임을 우려하며 대한제국의 군부대신軍部大臣[1]과 내장원경內藏院卿[2]을 지낸 이용익에게 경고하자 "대한제국은 중립을 선언했으니 아무 문제가 없을 것"이라 했다고 한다. 20세기 초 대한제국 대신의 무사안일과 "우리의 동의가 없이는 불가하다"는 21세기 초 대한민국 안보 당국의 어설픈 자신감이 중첩되어 보이는 것은 단순한 기우일까?

---

1 각종 군사 기관의 관장 업무를 담당하고 군대를 통괄하던 군부(軍部)의 최고 책임자

2 대한제국 왕실의 보물 · 세전(世傳) · 장원(莊園) 등의 재산을 관리하던 내장원(內藏院)의 최고 책임자

동북아 안보 질서가 재편되는 격동의 시기에 중국에 친밀하게 다가가는 모습을 보인 것도 수수께끼다. 굴기하는 중국을 견제하고자 일본의 무력을 키우겠다는 의사를 분명히 표시한 미국 앞에서 중국과 밀월 관계에 있음을 과시하는 게 한국의 군사적 입지만 어렵게 하는 것임은 의문의 여지가 없는데도 불구하고 '한국이 친중정책을 편다'는 인식을 갖도록 한 외교 당국의 처신은 이해하기 어렵다. 중국으로부터 어떤 큰 선물을 기대하는 것일까? 중국은 기대하는 큰 선물을 줄 의향이 정말로 있는 것일까? 속 시원한 답을 듣고 싶은 국민들이 의외로 많다.

티모시 가이트너Timothy Geithner 미 재무장관의 후임인 제이콥 루Jacob Lew가 취임 직후 아시아 순방에 나섰을 때 반나절만 할애해도 방문할 수 있는 한국이 제외됐는데, 이러한 미국 정부의 이상기류도 한국에서는 전혀 주목을 받지 못했다. 한국 정부의 무신경인지 아니면 일부러 모른 척해 대미 외교의 허점이 드러나는 것을 막은 것인지 모르겠지만 어느 쪽이든 국익에 도움이 되지 않는다.

한국은 미국이 언제든 버릴 수 있는 카드이다. 역사상 미국은 한국을 세 번 배신했다. 첫 번째 배신은 1905년의 가쓰라-태프트 밀약으로 미국과 일본은 필리핀과 조선을 포커 판의 칩처럼 주고받았다. 특히 미국은 조선 조정의 때늦은 애절한 호소에도 아랑곳없이 물건을 주듯이 조선을 일본에 넘겼다. 시어도어 루스벨트Theodore Roosevelt 대통령은 필리핀이 미국 지배하에 있더라도 일본이 이의를 제기할 능력도 의사도 없는데도 불구하고 '조선은 일본이 지배해야 한다'는 소신에 따라 조선을 일본의 식민 상태로 몰아넣었다.

두 번째 배신은 2차 세계대전 종전을 앞두고 열린 얄타회담에서 한반도를 생선 자르듯 둘로 갈라놓은 것이다. 조선을 식민지로 전락시킨 주역 중 하나인 미국이 조금이라도 양심의 가책을 느꼈다면 한반도를 둘로 가르는 조치는 하지 말았어야 했다. 그러나 한반도에 야욕이 있던 스탈린의 끈질긴 요구를 미국은 거절하지 못했다. 아니, 거절하지 못했다기보다는 미국의 이해관계만 편리하게 반영한 결과라고 보아야 한다. 일본군 무장 해제 과정에서 발생할 수 있는 미군의 인명 손실을 최소화하면서 동북아시아에 전략적인 군사 교두보도 확보할 수 있는 방안이었기 때문이다. 이번에도 미국 대통령은 루스벨트 가문의 프랭클린 루스벨트Franklin Roosevelt였다. 역사의 인연이란 것이 이처럼 묘하다.

세 번째 배신은 1950년 1월 난데없이 발표된 애치슨라인이다. 당시 미국 국무장관 딘 애치슨Dean Acheson이 미국의 태평양 방위선을 알래스카 알류샨 열도와 일본 열도를 잇는 선線으로 선언했는데, 이는 누가 봐도 한반도가 제외된 것이어서 한국전쟁의 결정적 빌미를 제공했다는 평가를 받고 있다.

그렇다면 우리는 우리를 세 번씩이나 버린 미국을 미워하고 멀리해야 하는가? 그렇지 않다. 국제 외교무대에서는 영원한 친구도 영원한 적도 없다. 실리 그 자체가 국제 외교무대의 최고 가치일 뿐이다.

미국은 군사적으로나 경제적으로 세계 제일의 초강대국이고 한미 상호방위조약에 의거 한반도의 안전을 책임지고 있으니 곱든 밉든 가까이 지내는 것이 최선이다. 미국은 언제나 자국의 이익에 부합하는 방향으로 움직이므로 그 방향에 한국이 동참하는 것이 가장 현실적인 대안이다. 그럴 수 없으면 양해를 구하고 다른 방식의 협력 대안을 논의하는 게 현명하다. 나보다 강한 상대에게 대응하는 방법은 예나 지금이나 크게 다르지 않다. 위정자가 상황에 대해 어떻게 대응하느냐에 따라 이익을 얻을 수도 있고 굴욕의 크기를 줄이거나 없앨 수 있다.

예를 들어 만약 원 · 명 교체기에 명과 연합해 원을 물리쳤다면 명이 공물과 공녀를 요구하는 대신 조선의 만주 지배권을 인정할 수도 있지 않았을까? 명 · 청 교체기에도 조선 조정은 현명하지 못했다. 누르하치 시대까지만 해도 만주족은 조선을 문명국으로 받들었다. 누루하치는 임진왜란이 일어나자 군대를 파병할 의사를 조선에 타진한 바도 있었다. 따라서 명 · 청 교체기에 올바른 외교 정책을 폈더라면 병자호란과 같은 참화를 입지 않고, 오히려 만주족이 중원을 제패한 후 만주를 비웠을 때 청淸의 동의 아래 고구려 고토를 회복할 기회를 가질 수도 있었을 것이다.

위정자는 다소 저자세를 취하더라도 강대국과 우호 관계를 유지하면서 나라와 백성에게 평화와 번영을 보장하는 실리 외교를 펴야 한다. 상대적으로 약한 나라의 위정자가 국제무대에서 분수를 지키지 않으면 나라와 백성은 피곤한 운명을 맞을 가능성이 커질 뿐이다.

▲▲▲

워싱턴에서는 한국이 보이지 않는다. 일본에 치이고 중국에 치일 뿐이다. 인도나 동남아 국가들의 워싱턴 로비보다도 한국의 로비는 한참 아랫길이다. 예를 들면 워싱턴을 방문하는 한국 정부 관계자들은 오바마 행정부가 민주당 정권이라고 해서 공화당 관련 인사나 보수 성향의 싱크탱크에 거의 신경을 쓰지 않는다. 그러나 이런 식으로 처신하는 나라는 거의 찾아볼 수 없다. 아마 한국 정부 관계자들 입장에서는 출장 예산도 부족하고, 국내 문제에 시달리느라 출장을 자주 오기도 힘들고, 와도 오래 머무르기 어려운 탓도 있을 것이다. 그러나 사정이 그렇다고 해서 워싱턴의 양대 축 중 하나를 소홀히 하는 게 정당화될 수는 없다. 미국인들에게 '믿을 수 없는 사람들' 이라는 잘못된 인식만 고착시킬 뿐이다.

한국의 미국 공부도 많이 부족하다. 세계의 리더이자 우리의 안보를 책임지고 있는 미국에 대한 연구가 부족한 탓에 미국의 역사와 제도, 국가 잠재력을 제대로 이해하지 못한 상태에서 미국을 잘못 베끼고 대미 정책을 수립하는 바람에 많은 왜곡을 낳고 있기도 하다. 대표적인 예를 들면 50개의 주가 모인 연방 국가의 특성에 따라 각 주의 대표가 연방 대통령의 인사권 행사를 감시하기 위해 채택된 상원 인사청문회제도를 아무 성찰 없이 도입하여 대통령의 인사권을 필요 이상으로 제한하고 능력 있는 인물들의 공직 진출을 어렵게 하고 있다. 또한 소수당의 의사 진행 방해를 위한 연설, 즉 필리버스터Filibuster를 저지하기 위해 도입한 의결 정족수(60퍼센트)를 일반의안의 의결 정족수로 둔갑시켜 행정부를 위축시키고 식물 국회를 초래한 한국의 국회선진화법은 거의 재앙에 가깝다. 한국에서는 소액 주주의 목소리를 의결권보다 크게 키우는 것이 원조인 미국의 컨센서스이고 지극히 당연한 것으로 받아들이고 있지만, 미국의 보수주의자들은 소액 주주 보호제도가 자유기업제도의 근간을 흔들기 위한 좌파의 책략이라고 비난한다.

미국 공부가 부족하다는 증거가 더 있다. 한때 경기가 하강곡선을 그리자 정부가 한국판 뉴딜New Deal정책을 통해 경기를 활성화하겠다고 발표하며 신문지상에서도 유행어처럼 다루어졌다. 조그만 나라가 일시적인 불황의 타개책으로 세계적인 대공황The Great Depression의 타개책을 원용한다 했으니 닭 잡는 데 소 잡는 칼을 휘두르겠다고 한 것이어서 어색하기도 했지만, 무엇보다 뉴딜정책의 핵심이 대형 토목공사와 같은 건설 프로젝트를 통해 경기를 활성화하는 정책이라고 오해한 데 더 큰 문제가 있었다. 그 결과 골프장을 늘리고 어쩌고 하는 대책이 발표되는 법석을 떨었는데, 정작 뉴딜정책의 핵심은 미국 진보주의자들이 '연방 정부가 주도하는 사회보장제도를 최초로 법제화' 한 것을 의미한다. 즉, New Deal은 린든 존슨 대통령의 'Great

Society'를 거쳐 버락 오바마 대통령의 'Obama Care(의료보험제도 개혁)'로 이어지는 미국 복지제도의 역사적 출발점이라 할 수 있는 것이다. 실제로 TVA The Tennessee Valley Authority는 실업자에게 일자리를 주기 위한 건설 프로젝트 담당기관으로 뉴딜정책의 많은 프로그램 중 하나에 불과했다.

1983년 '기업이 외부감사를 담당할 회계사를 선임한다'는 미국의 외부감사 자유수임제를 도입한 것도 소유와 경영이 분리된 미국 기업의 지배구조를 제대로 이해하지 못한 처사라고 할 수 있다. 실제로 소유와 경영이 분리되지 못한 한국에서 자유수임은 곧 이해 상충 문제를 야기했다. 부실 감사에 의한 회계 정보 왜곡은 예정된 코스였고, 회계 정보의 왜곡에 따른 금융자원 배분의 왜곡으로 경제의 성장 잠재력을 크게 떨어뜨린 것이다.

미국이 중국의 경제 · 군사적 굴기를 크게 경계하고 있는 가운데 한국이 미국과 중국 사이에서 등거리 외교 내지 중국에 기우는 외교 행보를 보이고, 사드THAAD 배치 문제와 같은 군사 이슈에서까지 미국과 중국 사이에서 많은 계산을 하는 인상을 미국 조야朝野에 심어주었던 것도 과연 우리의 장기적 이익에 부합되는지 따져봐야 한다.

이제 한미 관계의 현 좌표를 냉정하게 평가하고 방향타를 수정할 때가 되었다. 미국의 이념, 정치, 역사, 국가 역량을 제대로 이해하지도 못한 채 분수를 모르고 활보했던 지난날의 적폐積弊를 정리하고, 한미 관계와 동북아 외교 · 안보 관계를 정상 궤도로 되돌려야 한다.

또한 미국이 주도하는 국제 질서를 확실하게 공부해서 미국의 의도를 제대로 읽고, 동북아의 긴박한 안보 상황을 정확히 측정하여 '민족 생존을 위한 국가 대전략Grand Strategy'을 시급히 수립해야 한다. 그래야 동아시아 질서 대격변기였던 19세기에 아무런 대책 없이 스스로 무너져 내렸던 조선의 아픈 역사를 되풀이하지 않을 것이다.

2016. 9. 30

최중경

워싱턴
에서는
한국이
보이지
않는다
차 례

/ 6장 /

수박 겉핥기식 미국 공부

/ 7장 /

변화를 위한 제언

/ 8장 /

국가 대전략Grand Strategy

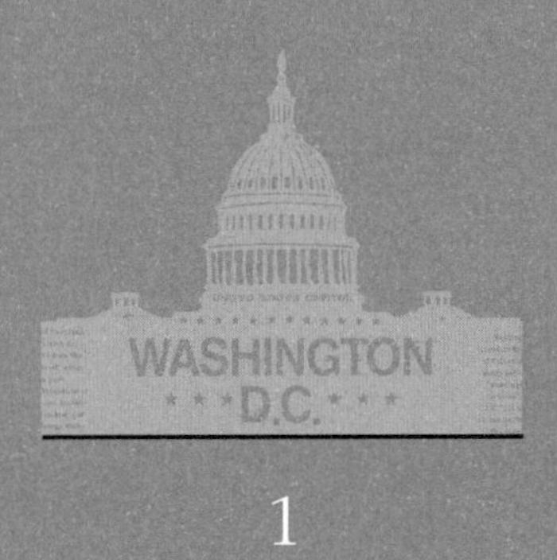

1
장

2% 부족한 대한민국 외교

국내 정치에 우선순위를 두는 외교의 한계

외교의 대상은 우리와 밀접한 이해관계를 맺고 있는 나라들이다. 국경을 맞대고 있는 이웃 국가뿐만 아니라, 멀리 있더라도 우리의 안보와 경제에 큰 영향력을 갖고 있는 나라들 역시 중요한 외교 대상이다. 따라서 외교 정책의 목표는 외교 대상 국가와 긴밀한 의사소통을 하고 협력 방안을 만들어내는 것이다. 그런데 우리 외교부는 외교 정책의 우선 고려사항이 국내 정치이고, 대통령의 정치적 입장을 살피는 데 있는 것 같다는 착각을 불러일으킨다.

예를 들어보자. 일본이 위안부 문제와 독도 문제로 망언했을 때, 외교 정책의 목표 달성을 위해서는 일본 재무장에 따른 동북아 신新안보 질서 문제와 외교 망언 문제를 분리해 투트랙two-track으로 접근하는 것이 누가 보아도 국익을 증진시키는 방향이었다. 그러나 외교부는 국민적 공분을 일으키고 여론의 집중 조명을 받은 일본의 망언에만 집착한 나머지 정작 중요한 일본 재무장 문제를 논의하는 외교 테이블에 결석했다. 프로 외교관답지 못한 처신인 것이다.

조 바이든Joe Biden 미 부통령이 방한해 박근혜 대통령을 면담하는 자리에서 외교 언어라고 보기 어려운 다음과 같은 발언을 한 적이 있었다.

"미국의 반대편에 서는 것은 좋은 배팅이 아니다It' s never been a good bet to bet against America."

외교부는 이에 대해 그럴듯한 해명을 내놓았는데, 미 대사관 관계자에게 발언 진의를 물으니 "미국을 계속 믿어 달라"는 취지의 얘기였다는 것이다. 미 대사관 관계자로서 공식적으로 이런 수준으로밖에 얘기할 수 없다는 것은 외교의 기본 상식이다. 미국이 을乙이고 우리가 갑甲이라면 그런 해석이 가능할지 모르지만, 알다시피 미국은 우리에게 슈퍼 갑이다. 그런데도 이 정도의 영어를 해석하는 데 외교적인 전문성이 필요하고 미국 측의 진의 해석이 필요하다고 생각하는 것은 심각한 문제가 아닐 수 없다.

아마도 놀란 민심과 대통령을 안심시키기 위한 고육책이었을 것이다. 하지만 미국의 불만을 제대로 파악하고 대책을 마련해도 부족한 판에 '미국과 중국 사이에서 러브콜을 받고 있어' 행복한 지경이라는 외교부의 주장은 설득력이 떨어진다. 대통령의 참모는 국정 운영이라는 지난한 마라톤을 대통령과 함께하는 페이스메이커pacemaker와 같다. 마라톤 전문가들에 따르면 마라토너의 기록은 페이스메이커의 능력에 많이 좌우된다고 한다. 따라서 페이스메이커가 마라토너의 기록 향상에는 관심 없고 그저 기분 맞추기에 치중한다면, 그 경기는 시작하기도 전에 결과를 알 수 있다.

미국 의회 연설도 그렇다. 큰 의미가 없는 국내용 보여주기 행사로 우리끼리의 자기만족일 뿐이다. 미국 언론은 한국 대통령의 의회 연설 내용을 거의 보도하지 않는다. 의회 연설의 주요 메시지가 보도되어 미국 국민들에게 전달되는 경우도 거의 없다. 그럼에도 굳이 의미 없는 행사에 목을 매는 것은 왜일까. 대통령을 빛나게 해서 국민들이 흡족해 하는 것을 외교 활동의 우선순위로 두기 때문이다. 《상서대전尙書大傳》을 보면 '의승보필疑丞輔弼'이라 하여 왕의 전후좌우에 보살피는 신하가 있었다고 한다. 앞에는 경호와 의전을 담당하는 의疑가 있고, 뒤에는 임금의 명령을 따르는 승丞, 왼쪽에는 정책을 논하는 보輔, 오른쪽에는 왕의 잘못을 간언하는 필弼이 수행했다는 것이다. 그러나 지금의 상황은 어쩐지 의승疑丞만 남고 보필輔弼은 사라진 듯한데, 진정한 참모라면 보필의 역할을 잊어서는 안 된다.

외교부는 본연의 자세로 돌아가 우수한 인재들의 역량을 의미 있고 생산적인 곳에 집중해야 한다. 그래도 시간이 턱없이 부족하다. 알맹이도 없는 무정란 생산을 위해 밤낮을 잊고 일을 해서는 안 된다. 국민들도 대한민국이 '강대국으로부터 대접받는 나라' 라는 환상에서 깨어나 냉정하고 객관적인 입장에서 외교 문제를 바라봐야 한다. 화려한 쇼보다는 실제 국익과 관련해 어떤 대화가 오가고 어떤 결과를 도출했는지 치열하게 따져 물어야 한다. 강대국 정상들에게 어떤 대접을 받았는지에 신경 쓰지 않고, 신문에 나는 그럴듯한 사진으로 판단하려 들지 않아야 외교부가 제대로 돌아갈 수 있다. 국민의 관심 대상이 화려한 쇼와 격식이라면 외교부 스스로 유혹을 떨치기 어렵다. 대통령도 외교부의 겉만 보지 말고 속을 들여다보아야 한다. 그래야만 외교다운 외교에 집중하지 못하고 그럴듯한 행사에 이리저리 출연하다 임기를 마치는 일을 피해서 빛나는 외교 업적을 남길 수 있다.

실제보다 과장된 대한민국의 국제적 위상

국제회의가 열리면 어김없이 무용담 기사가 우리의 눈길을 잡아끈다. '논의를 주도했다', '선제적으로 발언했다', '첫 번째 세션에 발제자로 나섰다', '미국과 대등한 입장에서 진솔한 대화를 나눴다' 같은 기사들 말이다. 이런 기사들을 읽고 있으면 마치 한국이 세계의 중심에서 큰 역할을 하고 있는 것처럼 보인다. 또 다자회의의 커피 브레이크 시간에 IMF 총재 등 유명 인사와 잠깐 스치듯이 조우한 것을 사진으로 찍어 마치 상당한 친분이라도 있듯이 홍보하는 게 관례처럼 되어 있다. 그러나 세션의 발제자로 나서는 것은 특별한 경우도 있지만 대부분 멤버 국가들이 순번을 정해 돌아가면서 하는 관례일 뿐이다. 한국 대표가 잘나고 영향력이 있기 때문이 아닌데도, 마치 국제적으로 비중 있는 인물이라서 발제자로 나선 것처럼 홍보를 하는 것이다.

이런 과장되고 왜곡된 홍보는 여러 문제를 낳는다. 첫째, 국민들에게 헛된 자긍심을 갖게 해 허리띠를 졸라매고 더 노력해야 선진국에 도달할 수 있다는 사실을 잊게 만든다. 그 결과 국민의 기대 수준이 높아져 해외 소비가 늘어나고, 복지제도에 대한 수요가 급증해 국가 경제 운영이 어려워지게 된다. 둘째, 외교 관련국과의 신뢰 관계를 훼손하게 된다. 외교무대에서는 반드시 상대방의 허락을 받은 뒤 사진 취재를 해야 하고 언론에 내는 문제도 사전에 합의해야 한다. 그런데 복도에서 마주쳐 잠깐 얘기하는 걸 갑자기 촬영해 일방적으로 언론에 내면 상대방은 심한 불쾌감을 느낄 수밖에 없고, 다음부터는 한국과의 만남 자체를 기피할 가능성이 크다. 임기가 1년 남짓한 장차관급이 국제무대에 나설 때는 특히 더 유의해야 하는데, 본인이 다음에 다시 참석하게 될지 말지 모르는 상황에서 신사도에 어긋나게 본인 홍보에 치중하면 후임자가 다음 회의에서 설 땅이 없어지기 때문이다.

국제회의를 마치 자신의 영어 실력을 과시하는 장으로 생각하는 경우도 있는데 이는 60년대에나 통했던 발상이다. 한국에서 태어나고 자란 사람이 국제무대에서 영어로 좌중을 휘어잡는다는 것은 어불성설, 거의 불가능한 일이다. 60년대야 유학 기간 배운 영어를 구사하는 인사들을 존경과 숭배의 눈으로 바라보았지만, 오늘날은 영어 회화 능력이 문제가 아니라 토론 주제에 대한 이해와 기여도가 문제의 핵심이기 때문이다.

단언컨대 한국이 국제회의를 주름잡도록 내버려둘 선진국은 없다. 따라서 겸허하게 선진국의 입장과 발언에 귀 기울이고 어떤 대응을 해야 하는지 치밀하게 계산해야 한다. 그러면 국제회의에서 할 일은 다한 것이다. 짧은 영어로 선제적으로 발언하고 논의를 주도하는 모습을 보이려고 노력해봤자 결국 반감과 경계심만 불러일으킬 뿐이다.

필자가 필리핀 대사로 근무할 때 다른 나라의 국경일 행사에 참석하는 문제로 직원들과 논의를 한 적이 있었다. 기존에는 국가별로 등급을 매겨 A급은 대사가 직접, B급은 공사가, C급은 참사관이 참석하는 게 관례였다. A급은 G7 국가와 중국, 러시아 등의 강대국이고, B급은 아시아, 남미, 아프리카의 중견국가, C급은 작은 섬나라 등의 저개발 소규모 국가들이었다. 물론 대사도 다른 활동이 많으니 이런 저런 행사에 모두 참석할 수는 없는 노릇이어서 등급 분류가 불가피한 것도 맞다.

그럼에도 등급 분류의 기준이 다소 불합리해 보였는데, 필자는 기존의 분류와 조금 다른 생각을 갖고 있었기 때문이다. 수출로 먹고사는 한국이니만큼 우리가 무역 흑자를 내는 국가들을 A급으로 분류해야 한다고 말이다. 강대국의 기준을 군사력, 경제 규모로 분류하는 것은 우리 스스로 우리의 국력과 국제적 위상을 과신하기 때문이다. 그러나 겸손하게 생각하면 우리 물건을 사주는 고객 국가들이 우리의 A급 손님이다. 나아가서 가능하면 A급, B급, C급 구분 없이 모든 나라의 국경일 행사에 대사가 잠깐이라도 얼굴을 비치는 것이 진정한 외교라고 생각한다. 그래서 해당국 대사가 국경일 행사 결과를 본국에 전문 보고할 때 대한민국 대사도 왔다고 쓸 수 있게 해주는 것이 진정한 외교인 것이다.

2008년 봄, 필리핀이 서울에서 국경일 행사를 개최해 참석한 적이 있었다. 필리핀은 우리의 이웃이고 한국전에 참전하여 112명의 전사자를 낸 바 있으며, 우리가 어렵게 살 때 원조를 하고 우리 학생들을 데려다 필리핀 대학에서 가르친 적도 있는 고마운 나라이다. 그런데 행사에 참석해 살펴보니 정작 외교부 고위 간부들이 눈에 띄지 않았다. 필자가 마닐라에서 개천절 행사를 할 때는 반드시 필리핀 외교부 장관이나 차관이 참석해서 축사를 하는 성의를 보였음에도 불구하고 한국은 어쩐지 필리핀을 홀대하는 듯해서 마음이 무거웠다.

물론 우리 외교부가 다른 나라에 비해 절반 이하의 인력으로 고군분투하는 것은 잘 알고 있지만, 이쯤 되면 의전을 담당하는 제3차관 자리를 만들어서라도 다르게 대응하는 것이 맞다. 지금은 서울에 주재하는 외국 대사관의 국경일 행사에 외교부 고위 관리들이 돌아가면서 참석하고 있는 것으로 알고 있는데, 상대국들이 만족할 수 있도록 가급적이면 차관급 이상 참석해주는 것이 바람직하다. 일단 한국에 온 손님을 우리 편으로 만드는 것이 외교의 출발점이기 때문이다. 국가 간 등급을 매기고 차별하는 듯한 인상을 주는 것은 하책일 뿐이다. 겸손한 마음으로 고객을 대하듯이 상대방 국가를 대해야 한다.

한국은 결코 강대국이 아니고 영향력이 있는 중견국가도 아니다. 선진국의 눈에는 '벼락부자가 된 촌놈' 정도라고 생각하면 크게 다르지 않는다. 대한민국이 국제 사회에서 영향력 있는 중견국가가 되려면 겸손한 마음으로 상당 기간 정진해야 하며, 그 선두에 외교부가 서야 한다. 외교부는 잘할 수 있는 역량을 충분히 갖추고 있다. 문제는 게임의 법칙을 우리 위상에 걸맞게 합리적으로 설정하는 것이다.

왜 한국의 입지가 좁아질까?

최근 한국의 모습을 보면 국제무대에서의 입지가 점점 좁아드는 느낌이다. 우선 동북아 안보 질서 재편 과정을 되짚어보면 일본의 재무장이란 중차대한 이슈에서 한국은 철저히 소외되었다. 일본 재무장은 한반도 안보에 직접적인 영향을 미치는 사안이고 미국의 우방으로서 한일 양국 간의 관계 설정 문제도 있기 때문에 당연히 한 · 미 · 일 세 나라가 모여 함께 논의해야 할 사안이었지만, 미 · 일 간의 이슈가 되어 우리의 입장을 제대로 반영하지 못하고 말았다. 한국이 위안부 문제 등 역사 인식 문제에 매몰되어 한 치도 앞으로 나아가지 못하는 사이 미 · 일 양국은 일사천리로 일본 재무장 문제에 합의하고, 아베 수상을 국빈으로 미국에 초청해 상하 양원 합동회의에서 연설하게 함으로써 일본을 태평양전쟁 전범국에서 미국의 최고 맹방국가로 격상시켰다.

반면, 일본 자위대의 한반도 상륙 문제가 공공연히 논의되어도 '우리의 허락 없이는 안 된다'는 외교적 수사에서 한 발짝도 앞으로 나가지 못한 것이 한국 정부의 유일한 대응이었다. 힘없는 나라가 의욕과 패기만으로 할 수 있는 게 좀처럼 없다는 것은 예나 지금이나 다르지 않다. 우리에게 중요한 것은 일본 재무장 과정에서 한국의 위상을 어떻게 정의할 것인가에 관한 논의였으나 이와 관련한 논의에 대해 알려진 바가 거의 없다. 일본 자위대가 한반도에 상륙하는 것을 허락했다고 치자. 그러면 한국군과의 합동작전 시 지휘권은 누구에게 있는가? 미군 사령관에게 전작권이 있는 경우는 복잡할 게 없지만 전작권이 한국군에 이양되었을 경우 일본 자위대가 한국군 사령관에게 배속되어 지휘를 받게 되는가? 미군이 철수한 상황에서 일본 자위대가 한반도에 진출했을 경우에는 또 어떻게 되는지 등 많은 합당한 질문에 대한 답은 무엇인가?

일본 재무장 문제가 대두되었을 때 한국군의 무장 강화 문제가 같이 논의되도록 외교 역량을 발휘하지 못한 것 역시 두고두고 아쉬움으로 남을 것이다. 일본 재무장으로 자위대의 무력이 획기적으로 증강되는 상황에서 한국군의 전력이 함께 증강되지 않는 한 한국의 입지가 좁아지는 것은 자명하다. 한국군의 전력 증강은 미국의 군사장비 제공 없이는 이루어지기 어렵기 때문에 일본 재무장과 관련한 한국군 전략 증강 문제가 반드시 함께 거론되어야 했고 미국에 일정 수준의 약속을 받아냈어야 했다. 그러나 우리는 오히려 미국과는 서먹서먹하게 지내고 중국에 다가가는 모습을 보였다.

TPP[3] 문제를 들여다보아도 한국의 전략 부재는 여실히 드러난다. TPP가 처음 논의되고 있을 때 일단은 논의에 참여하는 적극성을 보였어야 했다. 외교 당국의 실무자급이 참석하면 될 사안이었다. 그런데 FTA 체결에 매달리느라 인력이 부족했는지, 아니면 한미 FTA, 한·아세안 FTA, 한·호주 FTA 등이 있으니 TPP의 실익이 없다고 판단했는지 알 수 없지만, TPP가 논의되기 시작할 때 한국은 참여하지 않았고, 이는 뼈아픈 실책이 되었다. 강대국도 아닌 한국이 겉멋이 든 외교를 하고 있다는 결정적 증거가 TPP와 관련된 잘못된 대응인 것이다.

한국은 수출로 먹고사는 중견국가에 불과하다. 때문에 지역 내 국가들이 모여 뭔가 논의하고 있다면 일단 참여해 논의의 진행 과정을 지켜보는 기본적인 접근 자세가 필요하다. 특히 일본이 TPP에 적극적인 모습을 보였을 때는 더욱 긴장하고 발을 들여놓았어야 했다. 일본 재무장 이슈와 TPP를 연계하는 정책적 상상력도 발휘했으면 좋았을 텐데 아쉽게도 그러지 못했다. 뒤늦게 TPP 문을 두드렸을 때

---

3 TPP(Trans-Pacific Partnership, 환태평양경제동반자협정): 아시아·태평양 지역국 간에 진행 중인 광역 자유무역협정(FTA)

미국 USTR(미국 무역대표부)의 반응이 지극히 사무적이고 냉랭했던 것은 어찌 보면 당연한 일이라 할 수 있다. '한미 FTA 실행부터 똑바로 하고 TPP 가입은 출범 이후에 신규 가입의 형식을 취해야 한다'는 취지의 공식 입장이 나온 것이다. 우리가 생각했던 우리의 혈맹 미국이 내놓은 입장이라기에는 너무나 매몰찬 반응이어서 크게 놀랐던 기억이 있다.

뿐만 아니라 2007년 제시된 QUAD(중국 · 러시아의 군사적 위협에 대비하기 위해 미국, 일본, 호주, 인도를 기본 축으로 군사동맹 체제를 구축한다는 개념)도 아직 개념이 완성되지는 않았지만 미국의 아시아 군사전략에 있어서 큰 의미를 지니고 있는데, 그럼에도 불구하고 QUAD에서 한국이 빠져 있는 것 역시 심각한 문제가 아닐 수 없다. 미국의 혈맹이자 중국과 국경을 맞대고 있는 한국이 빠진 이유는 무엇일까? 2007년은 노무현 정부가 국정을 책임지던 시절이다. 미국에 각을 세우며 전작권 이양을 요구했던 당시 정부의 태도가 한국을 믿을 수 없는 우방으로 전락시켰기 때문이었을까? 제멋에 겨워 앞뒤도 재보지 않고 감성에 치우친 결과가 국가 안보를 어떻게 헝클어뜨릴 수 있는지 보여주는 사례라고 해야 하는지 난감할 뿐이다.

2015년 4월 인도네시아 반둥에서 있었던 중 · 일 정상회담 역시 한국의 뒤통수를 강타한 사건이었다. 일본과 대립각을 세우며 한창 중국과 연합전선을 펴고 있던 한국으로서는 충격적인 일이 아닐 수 없었다. 물론 2014년 11월에도 중 · 일 정상회담이 있었지만, 당시 회담은 어디까지나 중국이 주최국이었던 APEC 정상회담의 사이드라인에서 있었던 것이니만큼 손님 접대 차원의 형식적인 만남으로 볼 수 있었다. 그러나 2015년 회담은 중국이 한국 눈치를 보지 않고 자기 편한 대로 움직인다는 현실을 한국이 받아들여야 함을 보여준 사건이라고 할 수 있다.

2013년 11월 신임 미 재무장관 신분으로 아시아를 방문한 제이콥 루는 중국과 일본을 방문하면서도 반나절만 할애해도 되는 한국을 한사코 방문하지 않았다. 동아시아 5개국(중국, 일본, 싱가포르, 말레이시아, 베트남)을 방문하며 TPP와 관련한 방문이라는 핑계를 대면서 한국을 방문 대상국에서 제외한 것이다. 그러면 중국에는 왜 갔을까? 제이콥 루는 한국 정부의 환율시장 개입에는 예민한 반응을 보이면서도 일본의 엔화 가치 폭락에는 입을 다물고 있다.

어쩌다가 한국이 이런 대접을 받게 되었는지 진지한 토론이 반드시 있어야 한다. 우리에게 원천적인 과오는 없더라도 적어도 세상 돌아가는 내용을 제대로 파악하고 적절한 대응을 하는 데 실패하고 있는 것은 아닌지 우려를 지울 수 없다.

한국 외교에 필요한 것은 겸손이다

2013년 G20 재무장관 회의에 관한 언론 보도를 보면 한국의 고위 경제 관료가 세계 경제 동향을 논의하는 자리에서 "미국의 금리 인상은 시기상조이며 미국 정부가 신중한 경제정책을 펴야 한다"는 취지의 발언을 한 것으로 전해졌다. 특히 기사는 이러한 주장을 한국 고위 관료가 앞장서서 설파하며 논의를 주도했다고 강조하고 있었다. 얼핏 생각하면, 한국의 고위 관료가 미국의 정책에 비판적 입장을 취하고 조언까지 한다니 우리나라가 많이 컸구나 하는 자긍심을 느낄 수도 있을 것이다.

하지만 이제 막 미 재무장관이 된 제이콥 루가 처음 참석한 국제회의 석상에서 그를 코너로 몰아붙였다는 기사가 반드시 좋기만 한 것일까? 기사는 국가적 자부심을 갖게 하는 내용이지만, 회의 석상에서 듣고 있던 그의 심기는 결코 편하지 않았을 것이다. 그것도 혈맹이라는 한국이 앞장서서 미국의 입장을 난처하게 만들었다는 사실에 당혹했을 것이다.

G20 재무장관 회의가 끝나고 얼마 뒤 제이콥 루가 중국과 일본 등의 동아시아 5개국을 방문하면서도 끝내 한국은 방문하지 않고 돌아간 이유가 G20 회의 석상에서 보여준 한국의 공격적 태도가 못마땅했기 때문일 가능성을 배제할 수 없다. 전용기를 타고 다니는 미국 재무장관이 반나절만 할애해도 방문할 수 있는 서울을 굳이 제외한 이유를 정확히 아는 것은 불가능하지만 개연성은 충분하다. 국가 안보의 상당 부분을 미국의 핵우산에 의존하는 한국이 국제회의에서 미국의 정책을 비판하는 데 앞장선다는 것은 국제외교 상식이 허용되는 범위에서 벗어난 것이다.

'꼿꼿한 외교'를 주장하는 국방 관련 고위 관계자의 태도도 안타깝다. 안보를 미국에 의존하는 현실에서 어떤 국민도 한국이 미국 앞에서 꼿꼿한 태도를 취할 수 있을 것이라고 기대하지 않는다. 실리가 중요하지 을이 갑 앞에서 호기롭게 떵떵거려 얻을 것을 못 얻어내는 외교에 박수를 보낼 국민은 없다. 적어도 국가를 대표하여 외국과의 협상에 나서거나 대화 채널에 참여할 때는 국익을 지키기 위해 어떤 태도를 취할 것인지 사전에 충분한 논의를 통해 입장을 정리한 뒤, 늘 겸손한 태도로 상대국의 말을 경청하고 발언에 신중을 기해야 한다.

국제회의만 있다 하면 '선제적으로 대응했네', '논의를 주도했네' 하는 식의 자화자찬식 무용담이 언론에 나오는 것은 오히려 한국 외교의 수준이 국제 기준에 한참 못 미친다는 것을 보여주는 대표적인 사례라고 할 수 있다.

오스트리아의 정치가이자 외교가인 클레멘스 폰 메테르니히 Klemens von Metternich는 나폴레옹 전성기에 프랑스 주재 오스트리아 대사를 지내며 나폴레옹의 영웅 심리를 교묘하게 이용해 합스부르크 왕가를 보전할 수 있었다. 그리고 1813년 대對 프랑스 동맹을 체결하여 나폴레옹을 굴복시키고 유럽의 외교 주도권을 장악함으로써 '빈 체제'를 세우며 약소국으로 전락했던 자신의 조국을 유럽의 강대국으로 복귀시켰다. 이처럼 역사상 가장 뛰어난 외교관 중 하나로 평가받는 메테르니히 외교술의 핵심은 자신의 의도를 적절히 감추는 데 있었다. 그는 언제나 신중하고 조심스러워서 다른 외교관들로부터 나약하다는 평가를 받기까지 했지만, 그의 사려 깊은 통찰력은 언제나 원하는 것을 얻어내게 했다. 한 방울 두 방울 떨어지는 낙숫물이 바위를 뚫는 법이다. 이러한 조심스러운 접근이야말로 적을 만들지 않고 원하는 것을 얻게 하는 최선의 방법이다.

한국은 아직 선진국들과 어깨를 나란히 하기에는 많이 모자란다. 우선 안보를 미국에 의존하고 있다. 그리고 수출로 먹고살아야 하므로 세계 모든 국가가 고객이다. 고객은 왕이라고 하지 않았나? 어디를 둘러보아도 만만하게 홀대해도 되는 나라가 없는 게 한국이 처한 엄연한 현실인 것이다.

그럼에도 주요국과의 FTA 협상이 끝나면 꼭 상대방보다 우월한 전략을 구사해서 유리한 협상 결과가 나왔다는 무용담이 협상 담당 공무원의 실명과 함께 언론에 등장한다. 상대국에서 보면 사기 당한 느낌밖에 들지 않는 어리석은 행동이다. '어렵지만 서로 양보해서 좋은 결과를 얻었으니 이제 실천할 일만 남았다'는 언급만 하고 일체 입을 다물어야 하는 것이다. 하지만 언제부터인가 이런 상식 이하의 떠벌림이 먹혀드는데다가 떠벌림에 능한 협상 담당 관료들이 출세하며 이러한 행태가 보편화되고 있는데, 반드시 강한 제동을 걸 필요가 있다.

앞으로는 국제회의 협상 결과를 보도할 때 자화자찬식 무용담을 배제하도록 공론화해야 한다. 그러지 않으면 세계 모든 국가의 대외 업무 담당 관료들이 한국 관료들과의 대화를 기피할 것이다. 말만 섞으면 주도의 대상이 되고 승리의 대상이 되는데 누가 한국 관료와 대화하겠는가? 근시안적이고 이기적이며 출세 지향적인 관료들에게서 비롯된 국제회의 무용담과 협상 무용담은 이제 대한민국 역사에서 사라질 때가 되었다. 대부분 과장된 것이며 설사 사실이라고 해도 상대방이 있는 한 함구하는 것이 신사도에 충실한 행동이다. 한국이 국제회의 협상 테이블에서 너무 웃자란 모습을 보이고 있다. 계속 웃자란 모습만 보여주면 국제사회에서 왕따 취급받을 날이 머지않았다.

감성 외교도 중요한 외교 수단이다

외교는 기본적으로 실리를 추구해야 하지만, 가능한 범위 내에서 최대한 상대방을 감동시키려는 노력도 필요하다. '마음과 마음을 잇는 다리' 역할을 해야 하는 것이다. 상대방이 원하지 않는 방향으로 움직이게 되더라도 그것은 상대방이 싫어서가 아니라 '다른 요인에 의한 어쩔 수 없는 선택'이라는 점을 이해시켜 양해를 구하는 게 외교의 역할이라는 뜻이다.

1964년 박정희 전前 대통령이 서독을 방문했을 때의 일이다. 당시 한국의 상황은 제1차 경제개발 5개년 계획을 수립하기는 했지만 계획을 뒷받침할 돈이 없어 자금 지원이 절실했다. 그때 서독의 에르하르트Ludwig Erhard 전前 수상이 한국 최초의 상업차관 3천만 불을 제공했는데, 자금 지원만큼이나 큰 도움이 된 여러 가지 조언을 했다. 그 중에서 몇 가지를 소개하면 다음과 같다. 첫째, 당시 서양학자들이 권고한 수입 대체 전략을 쓰지 말고 수출드라이브 정책을 쓸 것. 둘째, 철강·자동차 산업이 중요하니 두 산업을 일으킬 것. 셋째, 교통 인프라 구축이 경제 성장에 중요하니 도로망을 구축할 것 등이었다. 그리고 끝으로 일본과의 관계 정상화가 경제 발전에 도움이 될 테니 과거에 얽매이지 말 것을 조언했다.

눈물겨운 것은 서독이 한국에 제공한 상업차관 3천만 불의 담보를 확보할 때의 일이었다. 당시 한국의 많은 광부와 간호사들이 서독에 파견되어 있었다. 탄광의 막장에서 그리고 병원에서 한국의 젊은이들이 궂은일을 도맡아 외화를 벌고 있었는데, 바로 이들의 임금으로 차관의 담보를 설정한 것이다. 미래의 현금 수입을 담보로 하는 금융 기법은 후에 신용카드 회사를 중심으로 개발되었는데, 이러한 금융 기법의 원조가 서독이 한국에 제공한 상업차관이었던 것이다. 이 눈물겨운 돈은 비료공장 건설 등에 요긴하게 사용된 가뭄에 단비 같은 존재였다.

그래서 박정희 전 대통령의 딸인 박근혜 대통령이 대를 이어 대통령이 된 뒤 통일 독일을 방문했을 때, 필자는 뭔가 특별한 이벤트가 있지 않을까 내심 기대가 컸다. 박정희 전 대통령이 방문했던 탄광지대, 한국에 자금을 지원하고 진심 어린 조언을 했던 에르하르트 전 수상 등 감동을 일으킬 이벤트 소재가 많았기 때문이다. 특히 박정희 전 대통령이 탄광지대를 찾아 연설할 때 이웃 병원에서 일하던 간호사들이 와서 흐느끼는 바람에 연설이 중단되고 함께 눈물을 흘리며 "언젠가 여러분의 조국도 잘살게 되는 날이 반드시 올 것"이라며 다짐했던 감동의 스토리가 있었다.

그렇지만 필자가 기대했던 감동 이벤트는 전혀 없었다. 그냥 늘 그렇듯 두 정상이 만나 회의하고, 기자 회견하고, 같이 밥 먹고 헤어진게 다였다. 독일 국민과 한국 국민 간의 연대감을 공고히 할 기회가 모두 허공으로 날아가버린 것이다. 만약 박근혜 대통령이 에르하르트 전 수상의 후손과 만나 함께 식사를 하며 고마움을 표시했다면 어땠을까? 독일 국민들이 보다 한국 국민들을 가깝게 여기지 않았을까? 만약 서울에 에르하르트 기념 동상을 건립하겠다는 계획을 발표하고 실천에 옮겼다면 어땠을까? 에르하르트 전 수상과 박정희 전 대통령이 머리를 맞대고 한국 경제 발전에 관해 얘기하던 모습을 동상으로 만들어 장충단 공원에 세워 놓는다면 양국 국민에게 깊은 감동을 주지 않을까? 외교 당국의 상상력 빈곤과 아이디어 부족이 못내 아쉽다.

1970년 말 한미 관계는 냉랭했다. 지미 카터Jimmy Carter 전前 대통령이 주한 미군 철수를 추진했기 때문인데, 카터 대통령이 방한했을 때 청와대에서의 만찬 분위기 역시 냉랭하기 그지없었다고 한다. 그런데 그때 분위기를 부드럽게 이끌기 위해 노력한 사람이 당시 대통령 영애였던 박근혜 대통령이었다고 김종필 전前 총리가 회고한 바 있다. 특히 로잘린 카터Rosalyn Carter 여사와 유창한 영어로 많은 대화를 나누어서 좋은 인상을 심어주었다는 것은 익히 알려진 사실이다.

박근혜 대통령이 현재 민주당이 정권을 잡고 있는 미국을 방문했을 때 카터 전 대통령 부부를 방문하는 이벤트를 했으면 어떤 효과가 있었을까? 적어도 미국 국민의 이목을 끄는 데 효과가 있었으리라고 생각한다. 그러나 박근혜 대통령의 방미는 미국 주요 언론에서 거의 언급되지 않았다. 우리로서는 섭섭할지 모르나 전 세계 거의 모든 국가를 상대하는 미국 입장에서 보면 통상적인 우방국 정상의 방문이기 때문에 뉴스의 비중이나 긴장감이 느껴지기 어려운 게 사실이다. 이럴 때 박 대통령이 조지아로 날아가 카터 전 대통령과 30여 년 만에 만났다면 그 자체가 큰 뉴스거리가 돼 미국 언론이 취재에 나섰을 것이다. 그 기회를 살려 자연스럽게 미국 방문의 목적을 설명하고 미국 국민들에게 적절한 메시지를 전할 수도 있었을 것이다. 민주당 원로인 카터 전 대통령의 국민적 인기를 바탕으로 든든한 우군을 얻었을지도 모른다. 최소한 '인연을 소중히 생각하는 한국인' 이라는 인상을 미국 조야에 심어주는 데 큰 도움이 되었을 게 분명하다. 그러나 역시 이벤트는 없었다. 늘 하던 대로 백악관에서 오바마 대통령을 만나고, 백악관 뜰에서 기자 회견을 하고, 양국 기업인들과 만나고, 한국전 참전용사 기념탑을 방문해 헌화하는 등의 틀에 박힌 일정을 소화한 뒤, 미국인에게 아무런 감동도 주지 못하고 한국으로 돌아왔을 뿐이다.

이제 우리도 외교 방식에 대해 심사숙고할 때가 되었다. 틀에 박힌 방식만 고집할 게 아니라 뭔가 세간의 관심을 끌 만한 소재를 발굴해 감성 외교에 활용해야 한다. 그래야 '마음과 마음을 잇는 다리' 역할에 충실할 수 있게 된다.

지난해 인종 증오 범죄로 희생당한 피해자 추모식에 참석한 오바마 대통령이 추도 연설 말미에 미국인들이 즐겨 부르는 찬송가인 'Amazing Grace'를 즉석에서 불렀다. 그 결과는 그야말로 놀라웠다. 달변인 그의 연설은 늘 그렇듯 훌륭했지만 내용을 기억하는 사람은 적었던 반면, 전문가처럼 잘하지도 못한 그의 노래가 전 미국인과 세계에 큰 울림을 주었던 것이다. 임기 말 떨어지는 지지율에 고심하던 오바마 대통령은 노래 한 곡으로 강력한 메시지를 전달해 지지율을 반등시킬 수 있었다. 심지어 미국의 언론들은 오바마 대통령 재직 기간 중 최고의 순간으로 기억되리라 평하기까지 했다. 사람의 마음을 흔드는 감성이란 이런 것이다.

외교는 진실로 중요한 국가 기능이다. 특히 한국과 같이 복잡 미묘한 지정학적 위치에 있는 국가에 외교는 생명줄이나 다름없다. 우리 외교관들의 자질은 세계 어느 나라에도 뒤지지 않는다. 이런 엘리트들의 지성뿐 아니라 감성까지도 동원하는 외교 지침을 수립하여 실천에 옮겨야 한다. 물론 80~90퍼센트의 냉철한 지성을 바탕으로, 감성은 10~20퍼센트 정도 배합해야 할 것이다. 감성을 너무 남발하면 외교의 품격이 떨어질 수 있기 때문이다.

양국 국민이 공감할 수 있는 역사적 사실에 기초하여 품격 있는 감성 외교를 해야 한다. 예를 들어 한국전 참전국이면 참전용사에 대한 이벤트를 보다 크고 화려하게 하는 것으로 이야기를 풀어갈 수 있을 것이다.

2장

흔들리는 한미 관계

한국은 플레이어인가, 칩인가?

오늘날은 G20, ASEAN+3, 동아시아 정상회담, APEC과 같은 다양한 국제 대화 채널이 존재한다. 그리고 대한민국은 이들 대화 채널에 주도적으로 참여하고 있다. 대한민국의 국력이 높아진 결과이기에 우리 대표가 국제회의에 참가했다는 기사를 보면 가슴이 뿌듯해진다. 그렇다면 한국은 국제사회에서 어느 정도의 위치에 있는 것일까? 이제 미국과 맞짱을 뜨고 세계의 흐름을 주도할 위치에 온 것일까? 과연 그런 것일까?

인류의 역사를 살피면 돈이 무력을 누른 경우를 찾아보기 어렵다. 우리가 10~15위권의 경제력을 가지고 세계를 주도한다는 게 과연 현실성이 있는 얘기인가? 2015년까지 우리의 국방력은 세계 7~8위

수준이라 평가되었지만 2016년에는 11위로 낮아졌다. 이것도 핵폭탄 등 전략자산을 뺀 순위라 현실적으로 의미가 없는데, 이 정도의 무력으로 세계에서 주도적 위치에 설 수 있을까?

대답은 '어림도 없다' 이다. 한국이 앞에 나서면 나설수록 견제구만 날아오는 게 세상 돌아가는 이치다. 일본 경제가 한창 잘나가던 시절에도 국제회의에 가보면 일본의 목소리는 거의 들리지 않았다. 논의를 주도하려는 시도도 거의 찾아볼 수 없었다. 주어진 주제에 대해 '일본은 이렇게 노력하고 있고 기여하고 있다' 는 식의 간단한 입장 표명이 주류였다. 필자 역시 처음에는 일본 정도 되는 나라가 왜 저렇게 소극적일까 비판적인 시각으로 보았는데, 지금 와서 생각하면 일본은 현명한 처신을 한 것이다. 무력에서 월등한 서방 선진국들 앞에서 2차 세계대전 패전국으로서의 멍에를 지고 있는 일본이 경제력을 앞세워봤자 좋은 소리를 들을 리 없고 견제만 받았을 것이기 때문이다. 실제로 국제무대에는 'Japan Bashing(일본 때리기)'이라는 용어가 존재했다.

한국 역시 좀 더 겸손해져야 한다. 외교부를 비롯한 한국의 관료집단은 해외에서 대단히 큰 활약을 하는 것처럼 과장하는 행위를 중단해야 한다. 그전에 국제회의에서 섣불리 나서지 말아야 한다. 우리나라 장관이 나서서 선진국의 정책에 대해 훈수하는 것은 좋은 모양새가 아니다. 우리나라 장관의 지적知的 능력이 모자라서 그런 것이 아니라 선진국은 우리의 충고를 받아들일 마음의 자세가 되어 있지 않다. 결국 서로 감정만 상할 뿐이다. '충언역이忠言逆耳' 라고 맞는 말이라도 귀에 거슬리면 허사다. 마키아벨리Niccolo Machiavelli는 힘을 가진 자들은 쉽게 충고를 받아들이지 않고, 특히 자기보다 힘이 없는 자의 충고는 더더욱 받아들이지 않는다고 말했다. 이 점을 항상 염두에 두어야 한다.

워싱턴에서 열린 비공개 한반도 포럼에서 필자는 다음과 같이 직설적인 질문을 한 적이 있다.

"한국은 미국의 입장에서 볼 때 플레이어Player인가, 칩Chip인가? 미국은 한국을 여러 번 실망시켰는데 한국은 아무래도 미국의 칩인 것 같다."

이 질문에 회의에 참석했던 퇴역 미 해군 제독이 얼굴을 붉히면서 "미국은 한국을 칩으로 생각해 본 적이 없다"고 대답했지만, 역사를 되돌아보면 미국은 수차례 자국의 이익을 위해 한반도와 한민족의 운명을 협상의 대상으로 삼은 바 있다.

1905년 맺어진 가쓰라-태프트 밀약이 첫 번째로 미국과 일본은 밀약을 통해 조선과 필리핀을 사이좋게 나눠 가졌다. 1945년에 한반도를 둘로 나누는 38선을 그어 동족상잔의 비극을 겪는 계기를 만든 장본인도 미국이다. 미국에 대한 한국의 사랑은 짝사랑이 아니라 일방통행식 착각에 불과하다. 미국의 입장에서 한국은 가끔씩만 플레이어가 될 수 있을 뿐이며 주로 칩일 뿐이다. 이러한 엄연하고 냉정한 현실 인식에서부터 외교 · 국방 정책의 기본 틀을 짜야 한다.

한국의 관료와 장군들은 다른 나라의 관료, 장군들이 미국을 어떻게 대하는지 잘 살펴볼 필요가 있다. 우리의 국방 관련 고위 관료가 워싱턴 주재 한국 특파원들을 모아 놓고 "워싱턴에 와서 꿋꿋한 외교를 하고 돌아갔다고 써 달라"고 부탁했다고 한다. 그러나 전투기를 비롯한 주요 장비를 미군에 의존하며 미국의 핵우산 아래 있는 상황에서 꿋꿋한 외교를 주장하는 것은 어쩐지 안쓰러운 자격지심처럼 느껴진다. 저자세는 안 되지만 적어도 겸손한 태도가 필수적인 것이 아닌가? 고위 관료, 고위 장성들이 제멋에 겨워 허세를 부리는 동안 대한민국의 국익과 민족의 안위는 백척간두에서 춤출 수 있음을 자각하는 사고의 대전환이 필요하다.

그렇지 않으면 한국은 국제무대의 미아, 왕따가 될 수밖에 없다. 주제 파악도 안 된 무례한 상대방과 왜 정보를 공유하고, 왜 최신 군사 장비를 제공해야 하는지 미국이 회의를 품게 되는 순간 한국의 안위는 위협받을 수밖에 없다. 부디 겸양의 미덕을 갖추어야 한다. 그것이 대외 활동, 특히 대미 외교를 하는 관료, 장군, 정치인의 필수 덕목이다.

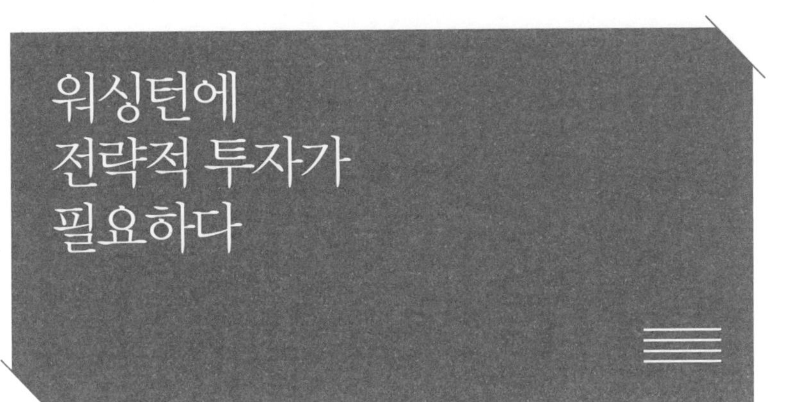

워싱턴에 전략적 투자가 필요하다

워싱턴 속의 한국은 어떤 위상을 갖고 있을까? 2015년 일본 수상으로는 역사상 처음으로 아베 신조가 미국 의회에서 연설을 했다. 한국은 이미 이승만, 김대중, 이명박, 박근혜 대통령이 연설을 했으니 워싱턴 속에서 한국의 위상이 일본보다 높은 것일까? 언뜻 보면 그렇다.

존스홉킨스대 아시아연구소장인 켄트 칼더Kent Calder 교수는 한국이 미국에서 왕성한 존재감을 보이고 있다고 그의 저서 《Asia in Washington》에서 기술하며, 미국 정부가 독도의 공식 명칭을 리앙쿠르Liancourt로 바꾸려고 하자 한국이 저지했던 사실을 그 예로 들고 있다. 일견 그럴듯해 보이지만 독도의 명칭을 바꾸도록 로비한 일본의 영향력이 큰 것인지, 문제를 인지하고 저지에 나선 한국의 영향력이 큰 것인지는 꼼꼼히 따져보아야 한다.

필자가 관찰한 바로는 워싱턴 속 한국의 존재감은 미미하다. 미국 정부의 의사 결정에 영향을 미치는 조직에 대한 네트워킹이 다른 나라, 특히 우리와 첨예한 이해관계에 있는 일본에 비해 미흡하기 그지없다. 우선 언론을 살펴보면 우리의 주력 일간신문들은 단 한 명의 기자가 워싱턴에 상주하지만, 일본의 주력 일간신문들은 대여섯 명이 상주하고 있다. 뿐만 아니라 미국 현지의 원어민 조력자가 일대일로 마크하며 취재를 돕는다. 미국이 어떻게 돌아가는지 알 수 있는 소위 '더듬이'는 대사관뿐만 아니라 언론기관의 몫이다. 특히 무대 뒤에서 돌아다니는 속 얘기는 대사관의 공식 채널로는 접근하기 어려운 게 현실이다. 즉, 언론기관의 더듬이 싸움에서 한국은 이미 일본의 상대가 되지 않는 것이다.

싱크탱크 쪽을 보아도 일본의 영향력은 지대하다. 워싱턴에서 활동 중인 많은 싱크탱크들이 제시한 아이디어는 실제로 정책이 되어 미국뿐만 아니라 세계의 정치, 외교, 군사, 경제에 영향을 미치고 있다. 때문에 싱크탱크는 연구기관이라기보다 미국 권력의 한 축으로 이해하는 것이 맞다. 싱크탱크에서 근무하다가 행정부의 고위직으로 발탁되기도 하고, 반대로 행정부의 고위직에서 퇴직하고 싱크탱크로 자리를 옮기는 경우도 많다. 따라서 싱크탱크가 어떤 생각과 입장을 갖고 있는지 파악하는 것은 미국의 미래 정책을 미리 파악하는 좋은 방법이라 할 수 있다. 그런데 우리나라는 워싱턴의 싱크탱크들과 일정 범위 내에서만 교류할 뿐 일본이나 다른 나라들과 비교하면 크게 부족한 게 현실이다. 즉, 한국의 국익이 상대적으로 손상되는 일이 발생할 가능성이 큰 게 솔직한 평가이다.

우선 싱크탱크에 대한 재정적 지원에서 일본은 우리나라를 압도한다. 일본은 많은 민간재단을 통해서 싱크탱크에 재정적 지원을 아끼지 않는 반면, 우리는 최근 한화의 헤리티지 재단에 대한 연구자금 지원, SK의 브루킹스 연구소 내 한국 데스크 설치, 현대자동차의 윌슨센터 지원 사례가 고작이어서 일본에 비하면 아직 언 발에 오줌 누기 수준이다.

일본은 싱크탱크에 돈과 시간을 아낌없이 투자한다. 싱크탱크에서 근무하는 젊은 직원들을 초청해 일본의 문화와 전통, 역사를 접할 수 있는 기회를 제공하는 프로그램을 운영하고, 일본어를 전공하는 미국 학생들에게 일본에서 연수할 수 있는 기회를 폭넓게 제공하는 등 지대한 관심을 표명하고 있다. 이처럼 일본 전문가들은 왕성하게 활동해도 한국 전문가의 활동이 활발하지 못한 기저에는 일본의 지속적이고도 큰 투자가 존재하는 것이다.

일본은 재정적 지원뿐만 아니라 인적 자원에 대한 지속적인 네트워킹도 전략적으로 구사한다. 일본의 사사카와 평화재단이 미국 태평양사령부 사령관 출신인 데니스 블레어Dennis Blair 제독을 재단 이사장으로 끌어오듯이 일본과 미국 사이의 교류 증진을 위한 노력은 우리의 한미경제연구소KEI나 코리아 소사이어티KOREA SOCIETY와는 규모와 차원이 다르다. 또한 일본은 고위직 인력만 관리하는 것이 아니라 일반 연구원에게까지 관심을 아끼지 않기 때문에 한국말을 유창하게 하고 한국에 관심이 있던 연구원들도 시간이 지나면 한국에 대한 관심을 잃고 일본에 호의적인 감정을 갖게 된다. 한국이 한국을 연구하는 사람들에게 관심을 보이지 않으니 어쩔 수 없는 노릇이다.

한국 정부 관료들이 미국 관료들과 만나 대화하는 빈도가 다른 나라에 비해서 낮은 것도 큰 문제이다. 국회 출석 등 국내 문제로 늘 바쁜 고위직들은 미국 관료를 만나기 위해 출장을 가기가 어려운데 이는 개인의 문제가 아니라 시스템의 문제라고 할 수 있다. 그러나 개인의 문제이든 시스템의 문제이든 간에 평소에 속 깊은 대화를 나누지도 않고 가끔 국제회의에서 만나 인사나 하는 수준의 관계에서 만들어낼 수 있는 것은 아무것도 없다. 따라서 정부 고위직들은 정기적으로 미국을 찾아 미국의 입장과 세계의 흐름을 파악하고자 노력해야 한다. 장관이 바쁘면 차관, 차관보라도 정기적으로 대화 채널을 만들어 심도 있는 대화를 나누고, 싱크탱크 내의 한국 전문가들을 전략적으로 관리해야 한다.

필자가 아는 한국 전문가는 가족 모두가 태권도 유단자일 정도로 한국에 대한 애정이 깊은데, 그의 연구실에 가보면 일본 외무성 고위 관료와 찍은 사진은 있어도 한국 외교부 고위 관료와 찍은 사진은 없다. 이를 어떻게 해석해야 할까? 평 연구원 신분인 그의 계급이 낮아 한국 고위 관료들이 만나주지 않아서일까? 아니면 이제 한국 전문가로 인식되기보다는 동북아 전문가로 자리매김하길 원하는 연구원의 개인적인 목표 때문일까? 어느 쪽이라도 우리를 좋아하는 친구들조차 제대로 관리하지 못하고 있는 현실을 보여주는 것임을 부인하기 어렵다.

위안부 문제, 독도 문제, 일본 재무장 문제 등에 있어 미국에 한국의 입장이 제대로 전달되지 않고 시간이 갈수록 한국에 불리한 방향으로 전개되는 데는 여러 이유가 있겠지만, 워싱턴의 싱크탱크에 적절한 수준의 관심을 쏟지 않은 것도 중요한 이유 중의 하나일 것이다. 이명박 전前 대통령의 독도 방문으로 독도 문제가 한일 간 쟁점으로 떠올랐을 때, 필자는 헤리티지 재단 내부 이메일에 일본 주장의 부당성에 대해 의견을 내고 토론을 한 적이 있었다. 미일상호방위조약 상의 일본 영토에 센카쿠 열도는 명시되어 있지만 독도가 빠져 있기 때문에 독도는 일본의 영토가 아니라는 걸 미국도 인정한 것이라는 주장이었다. 그런데 우리에겐 친한파로 알려진 연구원의 입에서 "언급하지 않았을 뿐이다"라는 의외의 반응이 돌아왔다. '이제 여기까지 왔구나' 하는 낭패감에 젖었던 기억이 아직도 새롭다. 일본이 전후 70년 동안 워싱턴에 들인 막대한 시간과 돈이 효력을 발휘하고 있는 것이다.

이제 한국도 워싱턴에 시간과 돈을 투자할 계획을 세우고 실천에 옮겨야 한다. 그 힘이 과거와 같지는 않아도 미국은 여전히 세계를 이끌고 있다. 세계 최강의 군사력을 갖고 있으며, 특히 한반도에서의 군사력 균형을 유지하기 위해서는 미국의 지원이 필수적이다. 기축통화국으로서 한국이 외환위기에 빠질 경우 즉시 불을 끌 수 있는 역량을 가진 유일한 국가이기도 하다.

그럼에도 불구하고 한국은 워싱턴을 너무 홀대한다. 돈도 시간도 투자하지 않는다. 이러면서 한국의 국제적 위상이 올라가고 한국의 국익과 안전이 확보될 수 있다고 생각한다면 그건 아마추어리즘 이전에 몰지각이라 해야 마땅하다. 세계 중심 국가의 심장인 워싱턴을 소홀히 하면서 어떻게 우리의 국익을 지킬 수 있겠는가?

한국은 강대국이 아니다. 강대국의 친구도 아니다. 한국은 강대국의 정책 대상일 뿐이다. 따라서 강대국의 정책 방향을 예의 주시하고 우리 국익에 유리한 방향으로 유도해야 한다. 그렇기 때문에 '워싱턴 속의 한국'은 큰 존재감으로 자리하고 있어야 하며, 그러기 위해서는 우선 우리의 민간단체, 특히 경제단체의 역할이 요구된다. 대사관이 있으니 알아서 잘할 것이라 생각하면 무책임하고 무지한 것이다. 삼성, 현대를 창업한 1세대 회장들은 '나라가 있어야 기업이 있다'는 생각이 확고했다. 국제화 시대를 맞은 오늘날은 국경 없는 경쟁을 하며 해외에 거대한 네트워크를 형성하고 있지만, 그렇다고 하더라도 역시 나라는 있어야 한다. 그렇기에 대기업의 총수들은 마땅히 워싱턴에 관심을 갖고 자원과 시간을 동원하는 데 앞장서야 한다.

그러나 우리나라 대기업은 갈수록 관료화되고 있고, 고위 임원들의 임기가 1년 단위로 돌아가는 숨 막히는 현실에서 관심을 가져주길 촉구하기 어렵다. 결국 기업 오너 패밀리들이 관심을 가지는 수밖에 없다는 뜻이다. 정부 차원의 장기적이고 큰 그림에 따라 민간 기업들이 재원을 출자하고 관리하는 방식으로 워싱턴 싱크탱크와의 교류를 넓히고 한국 전문가를 육성해야 한다. 무엇보다도 워싱턴의 정책 시장에서 일자리를 유지하고 늘리는 데 초점을 맞추는 것이 중요하다.

워싱턴에 투자할 때는 긴 안목을 갖고 접근해야 한다. 민주당 정권이라고 공화당 계열의 싱크탱크는 소홀히 하고, 반대로 공화당 정권 때는 민주당 계열 싱크탱크를 푸대접한다면 투자의 효과는 반감될 뿐이다. 정권의 성격이나 싱크탱크의 성향에 관계없이 긴 안목을 갖고 지속적으로 일관성 있게 접근해야 한다.

정권 차원에서 '워싱턴 속의 한국'에 대한 관심을 갖고 워싱턴의 현실을 파악하여 부족한 부분을 신속히 보완하는 작업이 시급하다. 정부 관료들은 국내 언론을 의식한 홍보성 방문이나 회담을 지양하고 실리를 추구하는 데 주력해야 한다. 과장된 언론 플레이는 자칫 미국의 신뢰를 잃게 할 수 있다. 그 순간 더 이상 대화 채널은 열리지 않는다. 철저히 냉철하게 실리를 추구해야 한다.

필자는 국회 본회의 기간 중에 중요한 업무로 사우디아라비아 출장을 갔다가 귀국 후에 단독으로 본회의에 출석해 답변을 한 경험이 있다. 해외 출장 계획은 이미 수개월 전에 결정되어 회담 일정까지 확정된 상태였다. 그런데 여야與野가 정쟁으로 본회의 일정을 변경함에 따라 부득이하게 국회 본회의에 참석하지 못했던 것이다. 산업협력을 통해 국익을 추구하는 게 소임이었기에 국회도 충분히 배려하고 이해하리라 생각을 했었다. 하지만 필자에게 돌아온 것은 국민의 대표인 국회를 무시한 처사라는 비난이 전부였다. 거의 20년 만에 사우디아라비아 석유장관을 만나 여러 가시적인 결과를 도출했음에도 그런 성과는 아무런 고려의 대상도 되지 않았다. 국가 간의 회담 약속을 취소해 외교 결례를 행하더라도 촌각을 다투는 이슈가 없는 국회 본회의에 참석했어야 했는지 곰곰이 생각해 봐도 여전히 이해할 수가 없다.

국회가 전근대적 권위 의식에 빠져 관료들의 대외 활동을 위축시키는 한 대한민국호가 순항하기는 힘들다. 작은 나라의 운명이 정해지는 경로는 다양하지만, 상대적으로 대외 전략에 큰 영향을 받는다는 역사의 중대한 교훈을 잊지 말아야 한다. 대외 활동의 중요성을 인정하는 공감대를 형성하여 이에 우선순위를 두고 올바른 대외 전략을 치밀하게 다듬는 것은 무역으로 먹고사는 대한민국에 선택의 여지가 없는 운명이자 필수 과제이다.

QUAD에서 제외된 한국: 군사와 안보는 다르다

앞서 잠시 언급했던 QUAD에 대해 좀 더 자세히 논의해 보자. 보통 QUAD라고 하면 WTO와 같은 국제기구에서 영향력을 행사하는 4대 주체를 의미하는데, 흔히 미국, 캐나다, 일본, 유럽연합을 지칭한다. QUAD는 2007년 미국의 국방부와 유수한 싱크탱크 일각에서 처음 제시된 군사 전략으로서의 개념이었다. 즉, 중국의 군사력 팽창을 견제하기 위해 미국과 군사동맹을 형성할 3개 국가를 제시하고 이들 간의 긴밀한 협력을 통해 중국을 견제하는 목적을 달성하겠다는 것이었다. 그런데 QUAD에 미국, 일본, 호주, 인도는 포함되어 있지만, 당연히 포함되어야 할 한국은 정작 제외되어 있다.

한국은 왜 QUAD에서 제외되었을까? 물론 QUAD 개념은 아직 실행 개념 내지 집단 군사동맹으로 현실화되지 못한 상태이다. 하지만 최근 미국 대통령 선거를 앞두고 헤리티지 재단을 중심으로 다시 대두되고 있다. 따라서 우리 정부는 바짝 긴장하고 추이를 지켜보아야 한다.

지난 2007년은 전작권 환수 문제로 노무현 정부가 미국과 각을 세우고 있었던 때여서 QUAD 개념에서 한국이 제외된 게 수긍이 가는 바가 없지 않다. 그러나 QUAD가 결국 태평양 방위선에서 한국을 제외한 애치슨라인과 크게 다르지 않아 보이는 데 문제의 핵심이 있다. 주지하는 바와 같이 애치슨라인은 공산 진영의 오판을 불러 한국전쟁의 단초를 제공한 바 있다.

2016년 1월 6일 북한이 수소폭탄 실험에 성공했다고 발표했을 당시, 오바마 대통령이 아베 수상과 먼저 통화하고 그 후에 박근혜 대통령과 통화한 것도 우리로서는 결코 편한 마음으로 받아들이기 어려운 현실의 상징일 수 있다. 2016년 1월 7일자 〈워싱턴포스트〉 1면의 사진은 셋으로 구성되어 있는데 가장 큰 사진은 UN 주재 일본 대사였고, 다음에 김정은 위원장, 그리고 마지막으로 한국의 TV 스크린이었다. TV 스크린에는 '외교부 장관 주재 대책회의…… 상황 파악 중'이라는 자막이 걸려 있었다. 〈워싱턴포스트〉의 보도 태도만 보아도 한국은 뒷전에 있다는 인상을 지우기 힘들다.

왜 이런 지경에까지 이르렀는지 곰곰이 따져보아야 한다. 김영삼 정부 이래 지금까지의 외교전략과 국방전략 그리고 그간 미국과의 대화 내용을 치밀하게 복기하고 문제점을 밝혀내야 한다. 이 작업은 물론 외교부, 국방부, 총리실 등의 관료 집단이 할 일은 아니다. 민간 전문가 집단에게 1년 정도의 충분한 기간을 주고 분석하여 국회에 보고하도록 해야 한다.

최근 한국이 한중 관계를 의식해 미국과의 군사협력에 다소 소극적인 모습을 보였던 적이 있는데, 이는 명백히 잘못된 것이다. 북한과 조중상호방위조약을 맺고 있는 한, 중국은 군사적으로 우리와 반대쪽에 있는 것이 분명하다. 게다가 우리의 전작권은 미군에게 있다. 따라서 우리로서는 군사 문제에 관한 한 미국과 함께 움직이는 것이 국제법 질서에도 부합되는 것이다. 또한 한국전쟁은 끝난 것이 아니라 쉬고 있는 휴전 상태이기 때문에 더더욱 중국은 같은 편이 될 수 없는 것이 냉엄한 현실이다. 2016년 1월 북한이 제4차 핵 실험을 했을 때 시진핑 국가주석은 박근혜 대통령의 통화 요청을 거의 한 달 동안 외면했다. 한국이 어떤 선택을 해야 하는지 가르쳐준 것이나 다름없다. 중국이 사드 배치와 같은 미국과의 군사 협력에 대해 항의하면 정중히 이유를 설명하면 된다. 북핵이 존재하고 남한이 미국의 핵우산 보호를 받고 있으며 전작권이 미국에 있다는 점을 차분히 설명하면 된다. 사드 배치에 관해 전략적 모호성 운운하며 애매한 입장을 취하면서 중국 측이 기대감을 갖도록 한 것이 결국 사드 배치 결정 후 중국 측의 실망감과 분노를 부른 것이다.

한국은 QUAD의 명칭을 QUIN으로 바꾸고 함께 참여하려 노력해야 한다. 한국이 QUAD에서 빠진다고 해도 중국과 군사동맹을 맺지는 못하므로 한국은 중국-북한-러시아 동맹과 QUAD의 사이에서 국제 미아로 고립되는 상황을 피해야 한다. QUAD 개념이 고착되면 미국이 한반도를 포기하는 선까지 발전될 수 있기 때문에 크게 경계해야 한다. 최근 미국이 지상전 개입을 꺼리고 원거리 타격 전술을 발전시키는 경향을 보면 한반도에서 일어날 지상전에 미국이 발을 뺄 가능성을 배제하기는 어렵다. 일본의 재무장을 통해 일본 열도가 군사 요새화되면 한반도의 군사적 가치가 크게 떨어질 것도 자명한 이치이다. 이처럼 중요한 QUAD 개념이 다시 대두되어도 한국은 전혀 긴장하는 모습을 보이지 않고 있다. 도대체 뭘 믿고 태평한지 알 수가 없다.

이제 국방도 분야별로 전문가를 양성해야 한다. 사관학교를 졸업하고 전후방에서 보병 지휘에 매진하고 있는 지상 군사작전 전문가에게 국제 정세를 꿰뚫고 전략을 세우길 기대하는 것은 현실적으로 무리이다. 군사작전 전문가와 안보 전략 전문가는 다른 영역이다. 국제 정세를 읽고 대처하는 안보 분야는 군사작전 전문가와 다른 그룹의 전문가들이 활동해야 할 별도의 전문 직군인 것이다. 경험이 많고 투철한 사명감과 애국심으로 무장한 군사작전 전문가라고 할지라도 체계적인 훈련 없이 하루아침에 모자를 바꿔 쓰고 안보 전략 전문가가 될 수는 없는 노릇이다.

QUAD 개념을 보고도 아무런 위기의식을 느끼지 못한다면 이 나라의 안보 관리 체제는 심각한 지경에 이른 것이다. 최근 우리 군 내부에서도 안보 전략 전문가 양성의 필요성을 인정하는 선각자들이 눈에 띄는데 그나마 다행스런 일이 아닐 수 없다. 군 출신 안보 전략 전문가도 양성하고 민간 출신 안보 전략 전문가도 양성하여 인재 풀의 외연을 키우는 일을 서둘러야 할 시점이다.

미국의 작심 발언에 주목하라

미국 눈치를 열심히 보던 한국이 최근에는 미국의 작심 발언에도 꿈쩍도 하지 않는 강심장을 보이고 있다. 왜 그럴까? 미국을 우습게 보기 때문일까, 아니면 너무 믿기 때문일까? 외교가 국내용 정치 수단 중 하나로 바뀌었기 때문일까? 외교부의 자화자찬식 자기 최면 때문일까? 그 이유가 무엇이든 매우 걱정스러운 현상이 아닐 수 없다.

먼저 한국이 사드THAAD[4] 배치 문제에 모호한 입장을 취하고, 중국이 이어도를 중국의 방공 식별 구역에 일방적으로 편입했을 무렵, 한국을 방문한 바이든 미 부통령의 발언에 대한 안이한 반응을 예로 들

4 'Terminal High Altitude Area Defense'의 약자로 미국의 고고도미사일방어체계를 말한다.

수 있다.

"미국의 반대편에 서는 것은 좋은 배팅이 아니다It's never been a good bet to bet against America."

누가 보아도 경고성 작심 발언인데도 불구하고 외교부는 무사태평, 오히려 미국이 한국에게 미국을 믿어 달라고 러브콜을 한 것이라고까지 아전인수로 설명했다. 이 정도의 영어는 한국에서 고등학교만 졸업해도 이해할 수 있는 수준이라 더 민망하다.

다음은 국방 관련 고위 관계자를 주중 대사로 임명한 즈음에 나온 웬디 셔먼Wendy Sherman 미 국무부 차관의 발언이다.

"정치 지도자가 과거의 적을 악한으로 비난하여 값싼 박수를 받는 것은 쉬운 일이다It's not hard for a political leader anywhere to earn cheap applause by vilifying a former enemy."

아무리 초강대국 미국이지만 국무부 차관이 우방국의 지도자에게 공개 석상에서 직격탄을 날린다는 것은 좀처럼 상상하기 어려운 일이다. 하지만 외교부는 이 말도 웬디 셔먼 차관이 개인적으로 실언한 것으로 서둘러 봉합해버렸다. 미국이 어떤 나라인데 국무부 차관이 공개 석상에서 실언을 하는가? 어불성설이다. 치밀하게 계산된 발언임에 틀림없다. 무엇보다 이 발언이 충격적이었던 것은 웬디 셔먼이 지한파知韓派 인사라는 점이었다. 대북조정관을 역임했던 한반도 문제 전문가로 여러 차례 한국을 방문한 바 있었던 인사였기 때문에 발언의 파장이 컸어야 함에도 심각성이 일반 국민에게 전달되지 않았다.

박근혜 대통령의 중국 전승절 열병식 참관 여부가 문제가 되었을 때, 미국 국무부의 동아시아 태평양 담당 대변인은 언론 인터뷰를 통해 다음과 같은 입장을 보였다.

"미국은 한국의 결정을 존중하며, 행사 참석은 각국의 주권적인 결정 사항이다."

지극히 원론적인 얘기인데 굳이 입장 표명을 하는 이유가 무엇일까? 여기서 '결정'은 '미국의 입장을 고려한 결정'을 말하는 것이 아닐까? 곧이곧대로 해석하여 미국의 동의를 얻은 것으로 이해하는 것은 너무 순진한 접근 내지 아전인수의 해석이 아니었을까? 아무리 미국이라 해도 대놓고 내정 간섭으로 비난받을 수위의 표현은 자제한다는 전제에서 보면, 굳이 원론적인 발언을 하는 이유는 행간을 읽어야 알 수 있을 것이다.

미국의 작심 발언을 제대로 해석하고 대안을 내야 하는 것은 지도자의 몫이다. 한비자韓非子는 '위대한 지도자란 옛것을 그대로 답습하거나 불변의 법칙을 찾으려는 사람이 아니라, 시대가 원하는 바를 분석하고 새로운 대비책을 세우는 사람欲以先王之政, 治當世之民, 皆守株之類也[5]'이라고 했다. 미국의 작심 발언을 무시하는 배경에는 어떤 의도가 숨겨진 것일까? 더 이상 미국을 중요한 맹방으로 인정하지 않겠다는 뜻

5 한비자는 수주대토(守株待兎)의 고사를 말하면서 '지나간 시대의 정치 방법으로 지금 시대의 사람들을 다스리려 한다면, 모두 그루터기에서 토끼를 기다리는 농부와 같은 부류다'라고 설명했다.

은 아닐 텐데, 대체 어떤 큰 목표가 있어 미국을 자극하는 것까지도 용납하고 있는 것일까?

아마도 중국에게 뭔가 큰 것을 기대하고 있다고밖에 다른 해석의 통로가 보이지 않는다. 그런데 과연 중국이 우리에게 무엇을 줄 수 있다는 것인가? 중국의 힘이 강해지면 한민족은 늘 수난을 겪었던 것이 역사의 실체적 진실이다. 중국의 힘이 강해지고 있는 지금, 미국의 끈을 놓으면 어떤 결과가 올 것인가?

언젠가 역사 앞에 오늘이 조명되는 날이 올 것이다. 그때 아무 탈 없이 순수한 학구적 동기에서 오늘을 마주하게 될지, 커다란 회한을 안고 오늘을 마주하게 될지는 아무도 예단할 수 없다. 그러나 역사는 되풀이되는 것이고 옛것으로부터 새로운 것을 얻는다는 온고이지신溫故而知新의 관점에서 볼 때, 한국이 미국을 부정하고 멀리하기는 어려운 일이다. 아직까지 미국이 세계 제일의 군사대국이자 기축통화국이며 한국군의 무기체계가 미국 제품인 것을 감안하면, 미국이 우리에게 가장 중요한 나라임을 부인하기는 어렵다.

원칙에 충실한 것은 덕목이다. 덕목이기 이전에 안전을 위한 최선의 방책이기도 하다. 한미상호방위조약과 조중상호방위조약이 대치하고 있고 사실상 전쟁 상태에 있는 한반도에서 한국이 중국에 지나치게 가까이 다가가는 것은 원칙에도 어긋나고 신뢰도 버리는 것이다.

진정성이라는 것은 외교와는 어울리는 개념이 아니다. 외교는 실리이고 계약 관계이다. 영원한 친구도, 영원한 적도 없는 것이 국제 사회이다. 진정성을 따지기 전에 실리를 계산하고 계약 관계에 따른 권리와 의무를 치밀하게 짚는 냉정함만 있을 뿐이다.

미국 의회 연설에 더 이상 목매지 말자

대한민국 대통령들의 미국 의회 연설에 관해 좀 더 자세히 들여다보자. 우리 대통령들이 미국 의회에서 연설을 할 때면, 우리나라 모든 신문 1면에 대문짝만하게 관련 기사와 사진이 실린다. 우리 대통령의 미 의회 연설이니 국내에서 가장 큰 이슈가 되는 것은 당연한 일일 것이다. 그리고 미국의 경우도 우리와는 다르겠지만 대한민국의 존재감이라면 적어도 미국 언론의 2면쯤에는 관련 기사가 게재되지 않을까 싶은 게 일반적인 국내의 관측일 것이다. 과연 진실은 어떨까?

우선 미국 언론의 태도를 살펴보자. 미국 주요 언론은 한국 대통령의 미국 방문 사실조차 제대로 보도하지 않는다. 전 세계의 국가 지도자들이 미국 대통령 만나려고 줄을 서고 있으니 한국 대통령이 언론의 관심을 끌 수 없는 점은 이해가 간다. 사정이 이렇다 보니 한국 대통령이 미국 의회에서 연설을 해도 미국의 주요 언론은 거의 언급이 없다. 한국 대통령이 민의의 전당인 의회에서 연설하는 것은 미국 국민을 향해 메시지를 보내는 것인데, 왜 미국 언론은 취급하지 않는 것일까?

이명박 전 대통령을 수행해 미국을 국빈 방문했을 때, 필자 역시 의회 연설 현장을 보고 의아함을 금치 못했다. 반도 채워지지 않은 의원석에는 한국전 참전 의원들과 한국 기업들이 투자한 주州의 의원들이 앞줄 자리를 채우고 있을 뿐, 나머지 대부분은 초청 손님, 의원 보좌관들이었다. 한마디로 제대로 된 연설 행사가 아니었다.

제대로 된 행사라면 상하원 의원들이 모두 출석하고 사법부와 행정부의 주요 인사들도 자리해 있어야 한다. 어떻게 보면 한국 대통령과 의원들 간의 집단 면담이라고 보는 것이 더 정확한 표현이다. 즉, 한국 대통령이 의회를 방문하니 의장단과 의원들이 의사당에 모여서 대통령 인사 말씀을 듣는 것이다. 그런데 국회의원의 참석률이 저조하다보니 관심에서도 멀어질 수밖에 없고, 결국 미국 언론은 취급을 하지 않는 것이다.

외교부 관료들에게 묻고 싶다. 이런 비대칭 행사를 왜 굳이 해야만 하는가? 미 의회 의장단과 한국 관련 의원들을 따로 모아 오찬행사로 진행해도 충분할 텐데, 이렇게 허울뿐인 행사를 하기 위해 아쉬운 소리를 하고 반대 급부로 무엇인가 현안 쟁점 중 하나를 양보해야 하는 밑지는 장사를 왜 하는가?

미국의 한 아시아 전문가가 필자에게 이렇게 물은 적이 있다.

"너희 대통령이 미국 의회에서 연설하게 하려고 대사관 직원들이 필사적으로 노력하는 이유가 무엇인가?"

적당히 얼버무렸지만 이미 현실을 파악하고 있었던 터라 얼굴이 달아오를 수밖에 없었다. 이러한 의회 연설은 마치 '피루스 왕의 승리Pyrric Victory'와도 같다. 얻은 것은 값싼 자기만족이고, 잃은 것은 비싼 실리라는 뜻이다. 이제 이런 연설은 하지 말아야 한다. 이런 부실한 행사를 하고도 일본이 한 번 하는 동안 우리는 네 번이나 했다고, 그래서 한국이 일본보다 미국에 가깝고 영향력이 있다고 할 수 있는가? 언제까지 국민들에게 잘못된 환상을 심어줄 것인가?

반면, 아베 수상의 의회 연설은 제대로 된 것이었다. 미국 대통령의 신년 의회 연설State of the Union Address처럼 방청석까지 초청 손님으로 꽉 찬 상태였고, 상징적인 세레모니까지 있었다. 태평양전쟁 당시 미군과 일본군 간에 치열한 전투가 벌어졌던 이오지마 섬 전투를 지휘한 일본군 사령관의 자손과 참전 미군 장교가 초청돼 서로 포옹하는 모습을 연출함으로써 일본이 더 이상 태평양전쟁의 전범국이 아니라 미국의 파트너임을 만방에 선언한 것이다. 이 세레모니가 TV에 방영되는 모습을 보면서 우리 대통령들이 연설할 때 텅 비어 있던 방청석이 생각났다. 이승만 초대 대통령이 1954년에 미국 의회에서 한 연설은 제대로 격식을 차린 행사였다. 이 대통령의 연설을 듣기 위해

쟁쟁한 고위 인사들이 좌석 쟁탈전을 벌였을 정도로 초미의 관심을 끌었음은 물론, 입법, 사법, 행정의 삼부 요인들이 거의 전원 출석을 했었다.

이제 정신 차릴 때가 되었다. 언제까지 허울에만 매달려 도낏자루 썩는 것도 모르고 지낼 것인가? 언제까지 국민들에게 잘못된 환상과 턱없는 자긍심만 심어줄 것인가?

미국 학생들에게도 장학금을 수여하자

우리나라는 개발도상국의 리더 역할을 수행하기 위해 우리보다 형편이 어려운 나라의 학생들에게 장학금을 지급해 한국에서 공부할 수 있는 기회를 제공하고 있다. 아주 의미 있는 일이 아닐 수 없다. 한국에서 공부한 후에 자기 나라로 돌아가면 한국과 관련된 일을 하게 될 가능성이 높고, 그때 여러 가지로 상부상조할 수 있기 때문이다. 따라서 이러한 장학 프로그램은 앞으로 더욱더 확대 발전되어야 한다.

요즘 전 세계적으로 케이팝K-Pop 열기가 뜨겁다. 특히 유럽, 중동, 미국 등 잘사는 나라에서도 한류에 대한 관심이 높고, 그만큼 한국어를 배우는 학생들도 늘어나는 추세에 있다. 따라서 이제는 선진국 학생들에게도 장학금을 주어 한국에서 유학할 수 있는 기회를 제공할 때가 되었다고 생각한다. 개발도상국에 지한파를 양성하는 것도 중요하지만 선진국에 지한파를 양성하는 것은 훨씬 더 중요한 의미를 갖기 때문이다.

이웃 일본은 오래전부터 선진국 학생들을 일본으로 유치하기 위해 노력하고 있다. 미국 고등학교에서 일본어를 외국어로 선택하면 일본에 견학 갈 수 있는 기회를 알선해주기까지 한다. 일본 정부뿐 아니라 많은 민간단체, 민간기금이 연수와 유학 기회를 제공하며 일본 알리기와 일본에 우호적인 세력 만들기에 열심이다.

일본에 비해 많이 뒤처져 있지만, 한국 역시 이제라도 빨리 시작해야 한다. 대학원에 진학하는 것은 큰돈이 들기도 하지만 취직을 미뤄서 부담하는 기회비용까지 있기에 쉽게 결정하기 어려운 문제이다. 이때 한국이 장학금을 준다고 하면 많은 미국 대학 졸업생들이 한국 관련 학과에 지원할 것이다. 이렇게 되면 미국 내에서 한국이 내는 목소리를 올바르게 이해하고 지지해주는 세력이 형성된다. 특히 한국에 유학 오는 대학 졸업자나 고등학교 졸업자들은 대부분 동아시아의 안보, 정치, 경제에 관심이 있는 학생들이기 때문에 훗날 자연스럽게 미국의 정계나 싱크탱크에 진출할 가능성이 높다. '덕불고 필유린德不孤 必有隣'이라고 덕을 베풀면 외롭지 않고 반드시 뜻을 같이하는 이웃이 생기게 마련이다. 즉, 장학 지원사업을 통해 한국으로서는 든든한 우군이 생기게 되는 것이다.

한국이 그동안 개발도상국 학생들에게 관심을 보인 것은 우리 민족의 심성이 기본적으로 곱고 계산적이 아니라는 사실을 웅변해준다. 그러나 세상을 현명하게 살아가는 방식으로는 뭔가 부족하다. 이제는 전략적으로 미국을 비롯한 영향력 있는 선진국 학생들에게도 장학금을 지원하는 것을 적극 실천해야 할 시점이다. 그런 점에서 케이팝 등 한류 열기가 뜨거운 지금이 새로운 외국인 학생 장학 지원사업을 시작할 수 있는 호기이다.

우선 우리나라에 가장 중요한 국가인 미국부터 시작해 정부 장학금부터 점차 민간 장학금으로 확대해나가야 한다. 이런 과정에서 대학의 역할이 요구되는데, 수업료를 면제하고 숙식을 제공하면 용돈 정도는 개인적으로 영어를 가르치는 등의 아르바이트를 통해서 충당할 수 있기 때문이다. 실제로 현재 많은 중국 학생들이 장학금을 받고 한국에서 공부하고 있다. 이들 역시 앞으로 한중 친선 발전을 위한 훌륭한 자산이 될 것이다. 이처럼 중국 학생들에게 제공하는 장학금을 기준으로 미국 학생들에게도 장학금이 주어져야 한다. 다만 한 가지, 그렇다고 해서 개발도상국 학생들에게 제공되는 장학금 규모가 줄어들거나 정체돼서는 안 될 것이다.

한미 산업협력을 보다 강화하자

한국이 중국과 일본 사이에서 산업 경쟁력을 잃고 있다는 분석은 외환위기 직후부터 심상치 않게 제기되어 왔다. 한국, 중국, 일본은 산업 구조가 서로 유사해 세계 시장에서 치열한 경쟁이 불가피하다. 이런 와중에 일본은 기술력에서 한국을 앞서 나가고, 중국은 낮은 임금을 무기로 가격 경쟁력을 갖추고 있어, 한국으로서는 운신할 공간이 좁은 것이 사실이다.

미국의 동북아 안보체제 재편 과정에서 부산물로 태어난 아베노믹스Abenomics는 이러한 경쟁 구도에 던져진 새로운 도전장이라 할 수 있다. 엔화를 무제한 찍어냄으로써 엔화 가치가 폭락하며 일본 제품의 가격 경쟁력이 크게 강화된 것이다. 빈사 상태의 일본 조선업이 살아난 것이 대표적인 예이다. 조선업을 전략 산업으로 삼아 세계 조선시장의 선두 자리를 넘보던 중국도 더 이상 견디지 못하고 위안화 평가절하를 단행하면서, 한국이 일본과 중국 사이에서 샌드위치 신세가 아니라 샌드백 신세가 되었다는 관측이 있을 정도로 조선, 해운 등 한국의 주력 산업이 위기 국면을 맞고 있다. 이에 따라 많은 우리 기업들이 인원 감축을 통해 위기를 극복하고자 노력하고 있는데, IMF 때도 초임 직원은 감원 대상에서 제외했음에도 불구하고 최근에는 1~2년차의 초임 직원까지 대상으로 삼는 비장함을 보이고 있다.

한국이 산업 경쟁력을 회복하는 방법은 무엇일까? 우선 환율정책, 금융지원정책, 감세정책 등 여러 전통적인 정책 수단을 생각할 수 있을 텐데, 이런 전통적 정책 수단의 적절한 활용과 함께 보다 큰 틀의 국제적 산업협력이 절실해 보인다. 오바마 행정부는 제조업 부활Reshoring정책을 통해 미국 제조업을 중흥시키고자 노력하고 있다. 셰일가스, 셰일오일 같은 값싼 에너지원이 북미 대륙에 풍부하게 존재한다는 사실도 제조업 중흥을 위한 좋은 밑거름이 됨은 물론이다.

세계 경제 불황으로 석유 가격이 폭락해 셰일에너지 산업도 잠시 주춤하고 있지만 정상화는 시간문제일 뿐이다. 실제로 미국 언론을 대표하는 〈워싱턴포스트〉는 1면 톱기사로 '유럽의 석유화학 공장이 북미 대륙으로 이전을 고려하고 있다'는 내용을 실었는데, 셰일에너지의 가격 경쟁력을 감안할 때 석유화학 산업이 경쟁력을 유지하는 방법은 셰일에너지가 있는 곳에 공장을 세우는 것이라는 논거에 입각한 분석 기사였다.

필자는 이 기사를 읽으며 우리나라 석유화학 산업의 어두운 미래에 대해 걱정하게 되었고, 한편으로는 우리도 미국의 셰일에너지를 활용한 석유화학 산업의 가능성에 대해 전향적으로 검토해야 할 때라는 생각을 갖게 되었다. 석유화학 산업뿐 아니라 LG화학이 GM의 전기자동차에 사용하는 배터리 공장을 미국에 건설한 것이나, 북미 대륙의 현대자동차 공장도 훌륭한 한미 산업협력 모델이라 할 수 있다.

또 하나 강조하고 싶은 것은 한국항공우주산업KAI를 통한 군용기 생산도 한미 산업협력의 훌륭한 모델이라는 점이다. KAI는 미국 록히드 마틴Lockheed Martin의 엔진과 주요 부품을 들여와 초음속 연습기(T-50)를 조립 생산하고 있다. 이렇게 생산된 T-50이 인도네시아, 필리핀, 이라크, 말레이시아에 수출되었고, T-50을 개량한 T-X 모델은 미 공군의 연습기 교체사업에 도전장을 내밀고 있다. 만약 미 공군 연습기 교체사업의 파트너로 T-X 모델이 선정된다면 한국항공우주산업의 새로운 지평을 열게 되고, 한미 산업협력의 훌륭한 성공 사례가 될 것이다.

원자력발전소 건설도 중요한 협력 분야라고 할 수 있다. 이미 아랍에미리트에서 수주한 원자로 4기는 한국전력과 미국 웨스팅하우스Westing House의 컨소시엄을 통해 수주한 것이니만큼 향후 원자력발전소 건설 프로젝트의 해외 수주 분야에서 한미 양국의 협력은 계속될 소지가 크다. 미국의 앞선 기술에 한국의 공정 관리 기법과 시공 능력을 합친다면 여러 분야에서 세계 최고의 경쟁력을 갖추게 될 것이다.

실제로 GE가 자사가 보유한 많은 분야의 기술을 한국에 무료로 이전하겠다고 한 배경에도 한국과 긴밀한 산업협력을 통해 서로가 윈윈Win-Win하는 시너지 모델을 만들어낼 수 있다고 보았기 때문이다. GE의 발표를 접하면서 역시 선진국 최고 기업의 세상 읽는 안목은 대단하다는 인상을 받았다. 오바마 대통령의 제조업 부활정책에서 가장 부족한 부분이 바로 한국이 보유하고 있는 공정 관리 기법과 시공 능력이기 때문이다.

우리는 선진국인 미국의 정책을 정밀하게 분석해 미국과 손잡고 서로에게 이익이 되는 분야가 무엇인지에 대해 치열하고도 정밀하게 연구해야 한다. 그것이 일본과 중국 사이에 낀 너트크래커nutcracker 신세에서 탈출하는 여러 비결 중의 으뜸이다. 미국은 돈이 되는 기술을 많이 갖고 있지만, 그동안 보수 수준이 높은 금융업을 선두로 한 다양한 서비스산업으로 인재들이 집중되었다. 때문에 제조업 분야는 인재 확보 측면에서, 또 현장 기술 유지 발전 측면에서 한국을 필요로 하고 있다. 이러한 공간으로 신속히 진출하는 것이 한미 양국의 경제성장을 위해서나 한반도의 안보 상황을 개선시키기 위해서나 꼭 필요한 것이니만큼 국가 정책 차원에서 체계적으로 접근하는 노력이 필요하다.

이런 점에서 박근혜 대통령이 2차 방미 때 한미 산업협력의 비전을 제시한 것은 지극히 적절한 것이었다. 신속하게 실천 방안을 수립하여 미국 정부와 산업계에 제시하고 구체적 협의를 시작해야 할 것이다.

물론 한국에게는 중국과의 협력도 중요하다. 그러나 산업 구조상 한국이 언제까지나 중국의 우호적인 협력 대상이 될 수는 없다. 반도체, 가전제품, 자동차, 조선 등 거의 우리 주력산업 전반에 걸쳐 중국과 진검 승부가 불가피하다. 이런 상황에서 '경제는 중국, 안보는 미국' 이라는 구호를 내세운다는 것은 현명한 처사가 아니다.

경제의 중국 의존도를 점차 낮춰 나가는 것이 긴 안목에서 볼 때 반드시 필요하다. 서양 속담에도 달걀을 한 바구니에 모두 담지 말라고 하지 않는가? 위험을 분산하는 것이 정도 경영이다. 천수답처럼 중국만 바라보고 올인하면 결국에는 종속되는 길만 남는다. 그런 의미에서 한중 FTA를 서두른 것이 과연 옳은 선택이었는지 의문이 있지만 정답을 현시점에서 예단하기는 어렵다. 20년쯤 경과한 후에 지금의 선택을 평가할 때 편한 마음으로 결과를 지켜보려면 한미 산업 협력을 빠른 속도로 강화해나가야 한다.

3
장

오버슈팅 한중 관계

너무 빨리 일어선 중국

중국이 경제 발전을 통해 축적한 부富와 함께 신저우 유인우주선 발사 성공에 따른 군사적 자신감을 바탕으로 무섭게 일어서고 있다. 신新대국 질서를 내세우며 미국과의 양강 구도를 기정사실화하려 시도하고, 일대일로一帶一路[6]를 통해 실크로드로 상징되는 옛 중국의 영화를 재현하려는 의지를 내비치고 있는 것이다.

특히 '아시아는 아시아인의 손으로'라는 구호를 통해 미국의 아시아 귀환을 반대하며 미국과 팽팽한 긴장관계를 조성하고 있다. 일찍

6 중국이 추진 중인 신(新) 실크로드 전략으로 '일대(One Belt)'는 중국에서부터 중앙아시아를 거쳐 유럽으로 뻗는 육상 실크로드 경제벨트이고, '일로(One Road)'는 동남아를 경유해 아프리카와 유럽으로 이어지는 21세기 해양 실크로드를 의미한다.

이 국민당과의 전쟁에서 치밀한 군사작전을 통해 중국 공산당의 승리를 일구고 현대화를 이끈 지도자 등소평은 도광양회韜光養晦[7]의 정신으로 실력을 키우는 동안 미국에 맞서지 말라고 가르쳤다.

그러나 중국은 신저우 유인우주선 발사 성공을 전후하여 외교전략을 도광양회에서 화평굴기和平崛起[8]로 바꾸고 국제무대에서 목소리를 높이기 시작했다. 남중국해에 위치한 섬의 영유권을 둘러싸고 베트남, 필리핀, 인도네시아와 충돌하고, 센카쿠 열도(중국 명 '조어도')의 영유권을 두고 일본과 긴장관계를 연출하고 있다. 결과적으로 보면 중국의 지도부가 등소평이 남긴 유훈을 지키지 않고 있는 것이다.

아직도 중국은 경제적으로나 군사적으로나 미국과 대등한 상대가 되기에는 부족한 면이 많다. 우선 세계 금융의 패권이 미국에 있다. 기축통화국인 미국은 뉴욕을 세계 금융의 중심으로 삼고 막강한 영향력을 행사하고 있으며, 미연방준비은행FRB의 금리정책은 세계 금융시장과 실물경제에 지대한 영향을 미치고 있다.

군사력 측면에서도 중국은 갈 길이 멀다. 신저우 유인우주선을 개발했다지만 이는 미국이 1960년대에 개발한 것이어서 특별한 것이 못된다. 따라가는 입장인 것이다. 해군력을 비교하면 우열은 더 확실해진다. 중국은 이제야 두 번째 항공모함을 건조하고 있어 미국에 비

---

7 자신의 재능이나 명성을 드러내지 않고 참고 기다린다.

8 평화롭게 국제사회의 강대국으로 부상한다는 뜻으로 후진타오 전(前) 국가주석이 새롭게 추진한 외교전략이다.

하면 해군 전력이 크게 떨어진다. 원거리 정밀 타격무기 분야에서도 미국은 독보적 지위를 점하고 있다. 종합적으로 볼 때 아직은 중국이 미국을 향해 고개를 들 때가 아닌 것이다. 그럼에도 불구하고 왜 굴기를 서두르고 있는지 그 배경이 궁금하다.

만약 중국의 굴기가 내부 문제를 봉합하기 위한 방편이라면 수긍이 가는 측면도 있다. 실제로 중국은 급속한 경제 발전으로 소득 격차, 빈부 격차가 심해지고 있고, 특히 도시와 농촌 간, 서부 내륙지방과 동부 해안지방 간의 격차가 크게 벌어져 국민 통합이 위협받고 있다. 이런 내부 위기 상황에서 세계 강국으로 도약하는 모습을 통해 자긍심을 갖도록 하는 것은 국민 통합에 크게 기여할 수 있다. 또한 티베트, 위구르 등 소수 민족 내에서 중국이 세계 일등 국가라는 인식이 커지면 상대적으로 독립 요구가 힘을 잃을 가능성이 커진다. 이처럼 미국과 맞짱을 뜨는 모습은 중국 내부를 공고히 하는 데 기여할 수 있다. 위정자들이 내부 문제 해결을 위해 외치를 동원한 예는 역사적으로도 수없이 많다. 도요토미 히데요시가 조선을 침공한 이유도 일본 통일 후 잠재한 갈등과 불만을 외부로 표출케 함으로써 내치를 공고히 하기 위한 것이었다는 시각이 존재한다.

그러나 중국의 때 이른 굴기는 중국의 장기적인 입지를 좁히게 될 가능성이 크다. 미국의 견제가 'Contain China'라는 구호 아래 다각적으로 이루어지고 있기 때문이다.

우선 미국은 TPP를 통해 중국을 경제적으로 포위하는 전략을 구사하는 한편, 인도, 호주, 일본과의 군사동맹을 강화함으로써 군사적으로 포위하는 전략을 구사하고 있다. 중국은 14억 인구와 광활한 영토를 바탕으로 내수 완결형 자급자족 경제를 실현할 수 있다고 자신하지만, 스스로 화를 부르고 있는 것은 아닌지 잘 따져보아야 한다. 중국의 굴기는 주변 아시아 국가들에게 크고 작은 부담을 주고 있는데, 실제로 큰 긴장감을 느낀 영토 분쟁 당사국들이 결국 군사력 강화를 위해 허리띠를 졸라매는 동시에 미국과의 군사 협력에 더욱 적극적으로 나서고 있는 것이다. 필리핀에서 철수했던 미군이 다시 주둔하는 것이 좋은 예이다.

한국 또한 입지가 어렵다. 수출의 중국 의존도가 25퍼센트 수준인 상황에서 미국의 중국 봉쇄작전에 무조건 참여하기가 현실적으로 쉽지 않기 때문이다. 따라서 현명한 처신이 필요하다. 결국 중국의 굴기는 역사 속에서 언제나 그랬듯이 한국에겐 어떤 형태로든지 시련을 줄 것이다.

그렇다면 한국은 어떤 선택을 해야 할까? 경제와 안보는 분리될 수 없지만, 그럼에도 안보가 경제에 우선한다. 특히 군사적으로 우위에 있는 중국과 일본, 러시아에 둘러싸인 한국에게 미국과의 군사동맹은 생존을 위한 필수요소이다. 중국과의 관계가 예전 같지 않게 돼 경제에 다소간 어려움이 있더라도 한미 동맹에 우선순위를 두는 것이 옳다. 사드 배치에 관해 중국이 반대 입장을 내세우면, 우리는 "조중 상호방위조약을 폐기하고 나서 할 얘기"라고 응수하면 된다. 또한 전작권이 미국에게 있음을 상기시키며 이해를 구하면 된다.

전략적 모호성 같은 어설픈 대처는 미 · 중 양국 모두로부터 소외될 수 있으니 주의해야 한다. 똑 부러지게 논리를 세워 분명한 입장을 내세우는 것이 생존의 비결이지 좋은 것은 다 갖겠다는 식의 자기중심적 욕심을 내세우면 안 된다.

너무 빨리 일어선 중국, 중국과 미국 사이에서 선택을 요구받는 한국, 재무장의 길로 나선 일본으로 설명되는 동북아 삼국지가 복잡 미묘한 방향으로 전개되고 있다. 이럴수록 한국의 외교 역량이 최대한 발휘되어야 하는데 뭔가 잘못 짚고 있는 느낌이다. '안미경중安美經中', '전략적 모호성' 같은 구호는 모두 낙제점이다. 힘도 부족한 자가 좋은 것을 다 갖겠다고 박쥐처럼 행동하면 결국 모두로부터 배척될 뿐이다.

한국은 강대국이 절대 아니다. 몸을 낮추고 여기저기 상황을 냉정하게 판단해야 하는 입장임을 자각하는 데서 문제 해결의 출발점을 찾아야 한다. 우리는 지난 50년의 눈부신 경제 발전으로 한국이 강국이 된 것으로 착각하고 있다. 이 착각부터 벗어던져야 한다.

중국에 필요 이상 밀착하지 말라

한국과 중국은 역사적으로 많은 갈등을 겪어 왔으며, 발해가 망한 10세기 이후부터 한반도로 영역이 국한된 우리의 역대 왕조는 중국의 조공국朝貢國, Vasal State 역할을 하는 것으로 평화 공존을 모색해 왔다. 이는 국력의 불균형을 생각할 때 불가피한 선택이었다고 할 수 있는데, 조공국 형식을 취했다고는 해도 내정에 거의 간섭하지 않는 사실상 독립된 주권을 유지하고 있었기 때문이다. 과거 유럽 각국의 왕이 신성로마제국의 황제로부터 왕위에 책봉되고 형식적으로 황제를 섬겼던 관계와 유사하다고 할 수 있다.

박근혜 대통령은 칭화대清華大에서 한 중국어 연설을 시작으로 중국에 다가가는 인상을 주고 있다. 전임 대통령들에 비해 중국 국가주석과 훨씬 자주 만나고 있고, 한중 FTA도 박 대통령이 중국을 방문하는 시점에 맞춰 서둘러 타결했으며, 서방 국가들의 눈총 속에서도 중국 전승절 군사 퍼레이드에 참석했다. 수출로 먹고사는 한국은 수출의 4분의 1을 중국에 의존하고 있다. 이웃한 큰 규모의 경제인만큼 자연스런 현상이지만 중국 의존도가 지나치게 높아지는 것은 부담 요인일 수밖에 없다. 중국 경제의 부침浮沈에 따라 민감하게 반응하게 되면, 그만큼 우리 경제 정책의 자율성이 침해되기 때문이다.

중국은 '신대국 질서론', '일대일로', '아시아는 아시아인의 손으로'를 내세우며 미국이 아시아에서 손을 떼고, 아시아가 과거 중국 중심의 질서로 돌아갈 것을 주장한다. 이에 따라 최근에는 미국의 반대를 돌파하고 중국 주도로 아시아인프라투자은행AIIB을 베이징에 설립하는 데 성공했고, IMF 특별인출권SDR을 구성하는 주요국 통화에도 새로이 위안화의 이름을 올리는 등 거침없는 행보를 보이고 있다. 한국에 대해서는 사드 배치에 대해 분명한 반대 입장을 내비치며 압박을 가하고 있고, 북한에 대해서는 핵무기 포기를 종용하면서 미국과 공조하고 있다.

조 바이든 미 부통령의 발언대로 이제 한국은 미국과 중국 사이에서 어느 쪽에 서 있을지 분명한 입장을 정할 때가 가까워지고 있다. 외교 당국의 표현대로 양쪽에서 러브콜을 받고 있는 낭만적인 상황이 아님은 분명한데, 어떤 선택을 해야 하는지에 대한 치열한 고민이 보이지 않아 불안하다. 한국의 사드 배치와 북한의 핵무장에 반대하는 중국의 입장에서 보면, 중국은 모든 의사 결정에서 중국의 이익만을 고려하며 북한의 핵무장을 중국에 대한 위협 요인으로 간주하고 있다는 인상을 준다.

중국이 미국을 추월하는 날은 언제쯤 현실로 다가오게 될까? 인구 규모나 경제 성장 속도를 볼 때 중국이 세계 제일의 경제 대국이 되는 것은 기정사실이고 시간문제일 뿐이다. 그러나 군사력에 있어서도 세계 제일이 되는 날은 묘연해 보인다. 2003년 중국이 신저우 유인우주선 발사 성공 후 첨단 군사기술 보유국이 된 것은 맞지만, 우주 기술의 세밀함에서 미국을 따라잡는 데는 오랜 시간이 걸릴 것이며 어쩌면 격차가 더 벌어질 수도 있다. 18세기 후반부터 특허권제도를 도입하고 자유기업제도를 발전시킨 미국의 연구개발 능력이 중국을 능가한다고 보아야 하기 때문이다. 현재 중국은 해군력과 원거리 정밀타격 능력에서 미국에 많이 뒤지고 있다. 2015년 말 기준으로 양국을 비교하면, 19척의 항공모함을 보유하고도 신형 항공모함을 추가 배치할 계획을 가진 미국에 반해 중국은 중고 항공모함 한 척을 수리하여 진수했고 두 번째 항공모함을 건조하고 있는 중이다. 중국과 긴밀한 경제 협력 관계를 유지하고 한반도 안보에 관한 대화 채널도 유지해야 하지만, 중국과 미국 사이의 선택이라는 차원에서 보면 국제법상의 해답은 명쾌하다.

현재 한반도는 전쟁 중이다. 양측의 합의로 전투 행위를 잠시 중지하고 있을 뿐 국제법으로 보면 중국은 여전히 우리의 교전 상대국이다. 북한과 중국 사이에 맺은 조중상호방위조약과 한국과 미국이 맺은 한미상호방위조약이 대치하는 상황에서 중국과 미국 사이의 선택이라는 명제는 성립되지 않는다. 또한 우리 군이 보유하고 있는 무기체계가 모두 미국 제품으로 이루어져 있는 상황에서는 더더욱 선택의 여지가 없는 것이다.

한반도 영토에 대한 중국의 야심도 경계의 대상이다. 중국은 '동북공정東北工程[9]'이라는 국가 주도의 역사 정리 사업을 통해 고구려가 중국의 지방 정권이며 평양이 중국의 영토였다는 주장을 펴고 있다. 이는 명백한 억지인데 왜 이런 억지를 그것도 국가가 나서서 주장할까?

이것은 북한에 권력 진공상태가 오거나 한국에 의한 북한 흡수 통일 시도가 있을 때 한반도에 적극 개입하고 방해하겠다는 의도를 나타낸 것이다. 추측컨대 중국과 국경을 맞댄 북한은 이러한 중국의 의도를 남한보다 더 경계하고 있을 것이다. 핵무기를 보유하려는 의도도 미국을 경계하는 목적과 함께 중국으로부터 독립된 주권을 유지하기 위한 목적을 동시에 고려하기 때문이라는 게 옳은 시각이라 판단된다. 그렇기 때문에 중국이 북한 지역에 대한 연고권을 주장하는 한 북한은 중국에 대한 경계심을 늦출 수 없고, 핵무장에 관한 한 중국의 얘기를 들으려 하지 않을 것이 분명하다.

---

9 중국 국경 안에서 전개된 모든 역사를 중국 역사로 만들기 위해 2002년부터 중국이 추진 중인 동북쪽 변경 지역의 역사와 현상에 관한 연구 프로젝트

미국은 현재 북한 핵 문제에 직접 개입해서 북한과 대화하기보다 중국을 통한 압박전술을 동원하고 있다. 그러나 이는 북 · 중 간에 존재하는 긴장관계에 대한 이해 부족에서 기인한 잘못된 접근법이다. 미국이 나서서 중국의 국제적 위상만 높여줄 뿐만 아니라, 중국이 북한과 미국, 북한과 한국 사이에서 꽃놀이패를 운용하게 하는 전략적 실수를 범하는 것이다. 한국의 고위 관계자들이 중국 고위층을 만날 때마다 북한 핵 문제 해결을 중국에 부탁하는 것도 공염불일 가능성이 매우 크다.

미 국무성의 북한 문제 전문가로 북미협상에 참여했던 로버트 칼린Robert Carlin과 스탠퍼드대 명예교수인 존 루이스John Lewis가 2007년 1월 27일 〈워싱턴포스트〉에 공동 기고한 칼럼 'What North Korea Really Wants'의 내용을 읽어보면 북한이 실제로 경계하고 있는 대상은 미국이 아니라 중국일 수 있다는 필자의 생각을 보강해준다. 두 사람은 역사적으로 볼 때 북한 정권의 영토 주권을 위협할 수 있는 나라는 중국, 일본, 러시아라고 지적하며 중국, 일본, 러시아가 6자회담의 의사 결정에 영향을 미치는 것을 북한이 불편하게 생각하는 점이 6자회담의 한계라는 관점을 제시하고 있다. 장기적인 큰 틀에서 볼 때 미국이 중국과 벌이는 파워 게임에서 북한은 미국에게 유용할 수 있다는 견해도 제시하면서, 그들은 북한을 다루는 데 있어 북한의 장기적 목표를 이해하는 것이 중요하다고 충고한다.

베트남 초대 대통령인 '호아저씨' 호치민은 중국의 도움을 받아 미국과 전쟁을 치르면서도 늘 중국의 영토 야심을 경계했는데, 실제로 그는 죽는 순간에도 중·월 국경 수비를 은밀히 강화할 것을 지시했다. 그리고 그의 예언대로 중국은 1979년에 베트남군이 캄보디아 프놈펜으로 진격한 틈을 타 베트남을 침공했다. 그러나 중국군은 중·월 국경지대에서 베트남군에게 완전 포위되어 수만 명의 전사자를 내고 힘겹게 퇴각했다. 베트남은 중국의 직접 지배를 받던 아픈 역사를 가지고 있었고, 이러한 역사적 사실에 주목한 호치민은 베트남의 군사 전략적 가치에 중국이 관심을 두고 있으리라 내다본 것이었다. 훌륭한 지도자의 안목은 민족의 생존을 위해 귀중한 것이다.

우리는 중국과 최대한 우호적으로 지내고 협력해야 한다. 그러나 현실적으로 존재하는 제약 요인을 무시하는 것은 결코 현명한 처신이 아님을 명심해야 한다. 다시 한 번 얘기하지만 중국은 북한 핵 문제를 해결할 수 없다. 북한이 핵을 보유하고자 하는 목적 중의 하나가 중국으로부터 독립된 주권을 지키기 위한 것이기 때문이다.

한국이 중국에 밀착하는 가장 큰 이유가 그래야 북한 붕괴 시 중국이 남한 주도의 통일을 허용할 것이라는 기대를 갖고 있기 때문이라고 추정할 수 있다. 그러나 중국은 남한 주도의 통일을 허용할 리 없다. 당장 미 해군 7함대가 신의주 앞바다에 진출하게 되면 중국에게 큰 군사적 부담이 될 수밖에 없다. 게다가 남한 주도의 통일을 허용한다고 약속하더라도 얼마든지 뒤집을 명분을 가질 수 있는데, 북한이 권력 진공상태의 혼란을 맞아서 조용히 한국의 접수를 기다릴 확률은

0에 가깝기 때문이다. 내부 갈등 과정에서 분명히 일단의 세력이 중국의 개입을 요청할 것이다. 그리되면 중국은 과거의 약속에 관계없이 북한에 개입할 수 있다. “북한 인민의 요청을 받아 파병한다”고 짤막하게 발표만 하면 그만이다.

만약 남한 주도 통일을 중국이 지지한다고 믿는 전문가가 있다면 둘 중의 한 경우이다. 우선 아시아 역사를 제대로 공부하지 않은 채 정치학 박사 학위를 취득한 사이비 전문가일 가능성이다. 역사를 이해하지 못한 토대 위에 서 있는 정치학이나 국제관계학은 무의미하다. 마치 한자를 모르는 채로 동양사학을 전공하는 것과 마찬가지이다.

두 번째 가능성은 중국에 나름 인맥을 가진 전직 외교관일 가능성이다. 이들은 상당히 영향력 있는 중국 측 인사와의 대화를 통해 남한 주도 통일에 대한 긍정적인 반응을 얻어 이를 과장 내지 확대 해석하여 자신의 트레이드마크로 내세워 정권 고위층에 접근했을 가능성이 있다. 구한말 황준헌의 《조선책략朝鮮策略》이 조선을 위한 책략이 아니라 러시아의 남진을 막기 위한 청나라의 국익을 우선 고려한 것이었듯이, 중국 측 인사들이 남한 주도 통일에 긍정적 반응을 보였다면 이는 한미 동맹관계를 교란하여 중국의 국익을 도모하려는 숨은 의도가 있을 것이다. 속아 넘어가는 놈이 바보지, 속이는 놈이 나쁜 게 아니다. 그것이 국제 관계의 속성이다.

기축통화를 넘보는 중국: 신新 브레튼우즈 전쟁

벤 스틸Benn Steil은 《브레튼우즈 전쟁The Battle of Bretton Woods》을 통해 2차 세계대전 후의 세계 경제 질서를 논의하는 과정에서 기축통화국 지위를 놓고 미국과 영국이 격돌했던 뒷얘기를 소상히 소개하고 있다.

뉴햄프셔 주의 휴양지인 브레튼우즈는 세계의 질서가 영국 주도에서 미국 주도로 전환되는 과정 중 영국과 미국이 팽팽한 샅바 싸움을 벌인 곳으로, 영국은 당초 의도대로 일이 풀리지 않자 당시 세계적으로 명성을 날리던 경제학자 케인즈J. M. Keynes를 협상 대표로 투입하면서 파운드화의 기축통화Key Currency 지위를 유지하려 사력을 다했다. 그러나 미국은 완강하게 미국 달러화의 기축통화 지위에 기초한 새로운 세계 경제 · 금융 질서의 도입을 주장했다. 결과는 미국의 완승이었다. 미국은 금태환을 전제로 달러화를 유일한 기축통화로 인정받으며 명실공히 세계의 리더로 확고히 자리매김했다.

미국과 영국은 왜 그렇게도 치열하게 기축통화 지위를 얻고자 했을까? 여기에 대한 답은 경제 이론상의 '화폐주조효과Seigniorage Effect'로 설명할 수 있는데, 이해하기 쉽게 2008년 리먼 브라더스 사태로 촉발된 금융위기 이후의 미국 경제 모습을 예로 들 수 있다. 벤 버냉키Ben Bernanke 전前 FRB 의장은 '헬리콥터 벤' 이라는 별명까지 얻으며 양적완화 정책을 통해 통제금리 수준을 0에 근접시키려고 달러화를 마구 찍어댔다. 그러나 헬리콥터에서 돈을 뿌리듯이 달러를 찍어냈는데도 미국의 물가는 크게 오르지 않았다. 찍어낸 달러가 기축통화이기 때문에 세계 모든 나라가 외환보유고 구성통화로 선호하는데다가, 국제적으로 통용되어 찍어낸 달러가 국경을 넘어가는 대신 재화가 미국으로 들어왔기 때문이었다.

실제로 유럽 경제, 브릭스 경제가 모두 어려움을 겪고 있고, 석유값이 떨어져 중동 산유국들까지 보조금 축소, 세금 인상 등의 비상조치를 취하고 있는 현 상황에서 미국 경제는 상대적으로 잘 굴러가고 있다. 위기의 진원지는 미국 주택채권의 부실화였는데 정작 미국 이외의 국가들이 어려움을 겪고 있는 것이다. 이것이 기축통화국의 특전이다.

만약 미국이 대공황 시대에 지금과 같은 기축통화국의 지위에 있었다면 어려움은 크게 줄어들었을 것이다. 사정이 이러하니 영국이 케인즈까지 투입하며 파운드화의 기축통화 지위를 잃지 않기 위해 총력전을 기울였던 것이다. 그러나 미국 대표 해리 화이트Harry. D. White는 흔들리지 않았다. 동유럽 이민의 후손인 화이트는 차관보 급의 미국 재무부장관 정책보좌관에 불과했지만, 일세를 풍미한 대경제학자 앞에서도 전혀 주눅 들지 않고 자신의 구상을 관철시켰다.

직접적으로 전쟁의 피해를 입지 않은 거대한 산업 생산력, 유럽을 나치즘과 파시즘에서 구한 대규모 파병, 유럽 국가들이 전쟁 중에 미국에 진 막대한 채무 등으로 미국은 이미 유일한 강대국 지위에 올라섰기 때문이었다. 사실 자유기업제도와 특허권제도, 너그러운 이민정책을 통해 20세기 초부터 미국은 세계 최강국의 자리에 올라 있었다. 다만 세계의 리더가 되기 위해서는 두 차례의 세계대전을 통해 미국 국민들의 뿌리라고 할 수 있는 유럽 국가들에게 큰 은혜를 입혀 명분을 축적하는 과정이 필요했던 것이다.

최근 중국 역시 자국의 존재감을 높이기 위한 다양한 과정에서 위안화의 국제적 위상을 제고하고자 노력하고 있다. AIIB(아시아인프라투자은행)를 설립하는 목적도 사실은 미국 주도의 브레튼우즈 체제에 대한 도전이라 할 수 있다. AIIB를 통해 위안화 표시차관을 활성화하게 되면 아시아 지역에서의 위안화 지위가 국제통화로 격상될 가능성이 높아지기 때문이다. 미국이 AIIB 설립을 반대하고 일본이 미국 편에 서 있는 이유가 여기에 있다. 중국 위안화는 이미 IMF의 통화 단위인 SDR(특별인출권)의 구성통화에 포함됨으로써 국제적 통용성을 높이는 데도 성공한 바 있는데, 이는 세계 제2위의 경제 규모를 자랑하는 중국을 배제하기가 어려운 현실을 미국도 인정할 수밖에 없었기 때문이다.

AIIB 설립 과정과 위안화의 SDR 편입 과정에서 보여준 유럽 국가들의 호의적 태도는 미국의 장악력이 예전만 못하다는 것을 보여주는 사례라고 할 수 있다. 그러나 그렇다고 해서 미국 달러화의 기축통화 지위가 크게 흔들리는 것은 결코 아니다. 미국 당국은 경계심을 가지고 위안화를 예의 주시하고 있으며, 특히 아시아 국가들이 위안화와 관련하여 어떤 행보를 보이는지 크게 신경 쓰고 있다. 중국이 항공모함을 건조하면서 미국과 본격적인 군비 경쟁에 들어서고, 미국과 기축통화 지위를 놓고도 일전을 벌일 기세를 보이고 있기 때문이다.

따라서 중국과의 무역 규모가 큰 한국으로서는 어려운 선택을 앞에 두고 있다고 할 수 있는데, 큰 흐름을 쫓아가되 미국의 입장을 존중하는 모습을 보이는 현명한 처신이 필요하다. 중국이 크는 것도 인정해야 하지만, 여전히 세계 최강국이자 기축통화국이며 세계 금융을 좌지우지하는 미국의 힘을 존중해야 하기 때문이다. 또한 안보를 미국에 의존하고 있는 현실에서 한국이 미국의 입장을 존중하는 것은 가치 판단 이전에 국가 존립과 관련된 엄중한 사안이라는 점을 잊어서는 안 된다.

미국과 중국 간에 벌어지는 주도권 싸움은 '신新 브레튼우즈 전쟁'이라고 할 수 있다. 아직은 중국이 미국의 상대가 되기 어렵지만 상하이가 국제 금융센터로서의 위치를 확보하고, 중국의 경제 규모가 미국을 추월하게 되면 위안화의 국제적 위상은 계속해서 올라갈 것이다. 물론 중국의 통화·금융 정책 신뢰성, 경제의 개방성 등 위안화가 국제통화로 인정받기까지 넘어야 할 산은 많다. 특히 중국의 상품시장, 금융시장, 자본계정의 완전 개방이 위안화가 기축통화의 위치를 차지할 수 있는 필요조건인데, 이러한 조건은 국가 운영에 부담이 되는 측면이 있기 때문에 중국으로서도 큰 국가적 과제가 아닐 수 없다.

최근 한국 재무 당국이 위안화 허브 육성을 발표하며 원·위안 직거래 외환시장을 설립한다고 널리 홍보한 것은 중국 입장에서는 크게 환영할 일이었을지 모르나, 기축통화국 지위에 대해 중국의 도전을 마주하고 있는 미국의 속내는 편하지 않았을 것이다.

소리 내면서 할 게 있으며, 치고 나가도 되는 것이 있고, 남들 눈치 보며 따라갈 일이 있다. 그리고 많은 경우, 무엇을 하느냐가 아니라 무엇을 하지 않느냐에 따라서 국가의 운명이 정해진다. 한중 친선관계는 분명히 중요하다. 그러나 한미 친선관계를 손상시키면서까지 한중 친선관계에 올인하는 것이 현명한 처신일 수는 없다.

4장

반목하는 한일 관계

아베노믹스의 실체

아베노믹스Abenomics는 일본 아베 수상의 경제 활성화 대책을 말하는데, 이 아베노믹스야말로 한국 경제 최대의 위협 요소라고 할 수 있다. 성공하면 성공하는 대로 실패하면 실패하는 대로 한국 경제에 주는 타격이 심대하기 때문이다. 아베노믹스의 시행 결과가 나쁘면 일본 경제 침체로 한국 경제 역시 부정적인 영향을 받게 되고, 시행 결과가 좋아도 시행 과정에서 발생하는 엔저 현상으로 한국 산업에 골병이 들 수밖에 없다. 쓰러졌던 일본의 조선업에 생기가 도는 대신 잘나가던 한국의 조선업이 죽을 쓰고 생존의 기로에 서게 된 것이 이 모든 위협 요소를 축약해서 명쾌하게 보여준다.

한국 경제와 한국 산업이 충격을 받는 과정은 다음과 같다. 아베노믹스의 첫 번째 화살은 물가 상승률이 2퍼센트가 될 때까지 엔화를 무한정 찍어내는 것이다. 엔화 공급이 늘어나면 엔화 가치가 떨어지게 되는데, 실제로 아베노믹스를 통해 달러당 70~80엔 하던 것이 130엔 선까지 절하되는 모습이 연출되었다. 한국과 일본의 산업 구조를 보면 많은 부문에서 중복돼 국제시장에서 치열하게 경쟁하고 있는데, 원화는 같은 기간 중에 오히려 절상되는 모습을 보였으니 가격 경쟁력 측면에서 한국의 제조업이 설 땅을 잃게 된 것이다. 한국의 조선업이 휘청거리고 다른 산업들도 심각한 내상을 입은 것처럼 말이다. 물론 아베노믹스는 세 개의 화살로 구성되어 있지만, 두 번째 세 번째 화살인 재정 확대와 구조 개혁은 구색을 맞추기 위한 것일 뿐이다.

일본의 속내는 환율정책을 통해 일본 산업에 활력을 불어넣겠다는 것이다. 문제는 아베노믹스의 탄생 배경이다. 미국은 그동안 중국의 군사력 팽창을 경계해 일본에 국방력을 강화하길 종용했다. 그러나 일본의 지난 정권들은 미온적인 자세를 취해 왔는데, 아베 수상이 미국의 요청을 받아들인 것이다. 아베 수상은 일본 재무장을 위한 재원 마련을 위해 경제 활성화가 뒷받침되어야 한다는 논리를 펴며 미국에게 근린궁핍화정책[10]의 용인을 요청했고, 미국이 이를 받아들여서 탄생한 게 바로 아베노믹스의 골간인 엔화 무한정 공급정책이다.

10 근린궁핍화정책(近隣窮乏化政策, beggar my neighbor policy)이란 다른 국가의 경제를 희생, 즉 궁핍하게 만들면서 자국의 경기 회복을 도모하려는 경제정책이다.

게다가 일본의 환율정책이 경기 활성화를 위한 국내 유동성 공급정책으로 포장된 것도 우리로서는 어이없고 불쾌한 일인데, 일본의 무지막지한 환율정책은 포용하면서 우리 재무 당국이 환율의 급격한 변동을 막고자 절제된 범위 내에서 소규모로 환율에 개입하는 것에 대해서는 엄격히 견제하는 미국 재무부의 이중적인 자세는 언짢음을 넘어서 불쾌하기까지 하다. 한국 산업과 한국 경제야 어떻게 되든 일본 경제가 활성화되어 일본이 재무장하는 데 필요한 재원만 확보할 수 있다면 되는 것인가?

아베노믹스는 반드시 실패한다. 그 이유는 결국 인플레이션이 유발되고 일본의 이자율을 끌어올릴 것이기 때문이다. 그리되면 국채 이자 상환 부담 때문에 일본 재정이 붕괴되는 결과를 초래할 것이다. 미국이 달러를 무제한 공급하는 양적완화를 실행할 수 있었던 것은 달러가 기축통화이기 때문이었다. 그러나 일본 엔화는 미국 달러가 아니다. 때문에 미국이 통화를 공급한 뒤에도 물가 상승 압력을 받지 않는 현상이 일본에서도 가능하리라 생각하는 것은 무모한 도박일 뿐이다. 실제로 갈수록 경제 활성화 조짐이 줄어들고 있어 일본은 물론 미국의 정책 당국자들 역시 적지 않게 당황하고 있는 게 최근의 상황이다.

일본은 엔화의 과도한 공급에 따라 잠재된 물가 상승 압력이 분출되어 터지기 전에 빨리 아베노믹스를 거두어야 한다. 그리고 미국은 일본에만 의존할 게 아니라 한국, 대만, 필리핀, 인도네시아, 태국,

베트남 등을 묶어서 집단방위체제를 구축할 생각을 해야 한다. 특히 한국의 역할에 관해 한미 양국이 진지한 대화를 해야 한다. 아베노믹스는 경제 논리로 탄생한 게 아니라 동북아 안보체제 변경을 추구하는 미국 안보 전략의 부산물이라는 인식을 갖고 보아야 비로소 한국의 갈 길이 보인다.

일본을 비난하기 전에 미국의 정책 방향이 한국에 유리하게 진행되도록 노력을 기울여야 한다. 위안부 문제 등 역사 인식 문제는 계속 추궁하되, 역사 인식 문제만으로 일본을 등져봤자 미국의 반응은 냉랭할 뿐이다. 따라서 일본과 반목하는 모습에서 탈피해 한·미·일 삼각 공조의 틀 안에서 한국의 입장을 논리적으로 전하려 노력해야 한다. 적도 없고 친구도 없는 국제 외교 전장에서 감정에 의존한 외교가 성공할 턱이 없다. 냉정한 계산에 입각해 상대방과 나 사이에 함께 성공하는 해법Win-Win Solution을 찾는 것이 외교의 본령이다. '누구는 나쁜 놈이고 누구는 좋은 사람이고' 식의 윤리 강연은 단 한 발짝도 앞으로 나갈 여지가 없다는 점을 자각하는 것이 외교의 첫 걸음이다. 무섭도록 냉정해져야 한다. 그래야 한 톨의 국익이라도 건질 여지가 있다.

일본의 치밀한 한국 따돌리기

일본이 패망할 당시, 조선총독부의 마지막 총독이었던 아베 노부유키는 조선을 떠나면서 언젠가 반드시 다시 돌아오겠다고 다짐했다. 과연 일본은 다시 돌아올 수 있을까? 많은 한국 사람들이 어림없는 얘기라고 일축할지 모르나 적어도 일본인들의 머릿속에는 돌아오겠다는 의지가 남아 있는 것으로 생각된다.

한반도에 대한 일본의 야심은 임나일본부설을 내세우며 일본이 한반도 남부를 오랫동안 지배했다고 주장하는 고대사 왜곡에서 출발한다. 이러한 지배 야심은 16세기 임진왜란을 통해 확인된 바 있고, 메이지유신을 통해 중앙집권체제를 갖춘 후에는 소위 '정한론征韓論'으로 체계화되어 청일전쟁, 러일전쟁을 거쳐 현실화된 바 있다.

태평양전쟁의 패전국이 되어 일본 지도자들이 전범 재판을 통해 처형되는 참담함을 겪었던 일본은 70년 만에 미국의 동맹국으로 화려하게 재등장했다. 이렇게 되면 한국의 입장은 상대적으로 위축될 수밖에 없다. 일본이 재무장을 통해 한국보다 훨씬 우월한 군사력을 갖추게 되면, 미국의 용인 하에 다시 한국을 영향권 안에 두는 것이 가능해지기 때문이다. 그럼에도 불구하고 자위대의 한반도 진출론이 일본 열도에서 서서히 목소리를 키울 때, 우리는 너무나 무감각한 대응을 했다. '일본 주제에 무슨 한반도를?' 이라고 생각한 것이다. 그러나 시간이 2~3년 흐르면서 아베 수상의 야스쿠니 신사 방문에 미온적인 반응을 보이는 미국을 보면서, 또 아베 수상이 미국을 방문했을 때 보여준 열렬한 환영과 극진한 예우를 보면서, 뭔가 잘못되고 있다는 느낌을 갖게 되었다.

미국은 한국의 혈맹血盟일 뿐 아니라 일본의 맹방盟邦이기도 하다. 지난 70년 동안 우리가 한미 혈맹의 정서적 가치에 매달려 한미 관계의 소중함을 확고한 현실체제로 발전시키지 못하는 동안, 그 틈을 타고 일본이 70년의 세월을 통해 미국에 물심양면으로 성의를 보인 결과이니 우리로서는 달리 대응할 방법도 막연하다. 거북이와 경주하다가 잠깐 졸고 있는 사이에 승리를 내준 토끼 꼴이 된 것이다.

일본은 재무장 논의 과정에서도 의도적으로 한국을 따돌릴 궁리를 한 것으로 보이는데, 일본이 한국에 다시 돌아오려면 한국을 일본이나 미국과 동등한 반열에 놓으면 안 되기 때문이다. 위안부 문제로 한국의 감정을 격하게 만든 것도 일본의 치밀한 계산이었을 가능성이 높다. 위안부 문제로 한국과의 관계를 악화시키면 한·미·일이 모이는 자리를 만드는 데 있어 미국도 부담을 느끼게 될 것이기 때문이다. 게다가 마침 중국에 다가가는 모습을 보이는 한국의 정책 역시 일본이 한국을 따돌리기 쉽게 하는 상황을 만들어 주었다. 불쾌해하는 미국에게 "한국은 어차피 중국으로 갈 것"이라고 속삭이면 미국도 일본 재무장 문제를 논의하는 장에 굳이 한국을 불러들일 이유와 필요를 느끼지 못할 것이라는 계산이었을 것이다.

멋있게 당했다고 할까? 이제 와서 "일본 자위대가 한반도에 상륙하려면 한국의 허락을 받아야 한다"는 한가한 얘기나 할 수밖에 없으니 말이다. 그러나 힘센 놈이 언제 약한 놈 뺨 때릴 때 허락받고 때리는가?

이상할 정도로 대한민국은 대외 문제를 다루는 능력이 취약하다. 구한말에도 여러 가지 자충수와 어리석은 행마를 거듭한 끝에 결국 일본의 식민지로 전락하고 말았는데, 동북아 안보 질서체제가 바뀌는 작금의 격변기에도 역사 인식 문제에 발목이 잡혀 진짜 논의가 필요한 곳과 꼭 참석해야 하는 곳에는 명함도 내밀지 못한 꼴이 되고 있으니 말이다.

그럼에도 불구하고 국민들은 정부에서 가장 뛰어난 분야가 외교 분야라고 생각한다. 국민들이 무지몽매해서 그런가? 아니다. 외교 당국이 불편한 진실을 있는 그대로 전달하지 않고 미화하기 때문이다. 국민들에게 미칠 파급 여파를 우려하다 보니 윤색의 유혹을 떨치기 어렵고, 윤색이 계속되다 보니 선을 넘어 정보의 왜곡에도 양심의 가책을 느끼지 못하는 것이다.

이제부터라도 한일 관계를 제대로 짚어나가야 한다. 그러기 위해서는 과거와 명분에 묶이는 우를 범하면 안 된다. 과거의 치욕을 마음속 깊이 담고 현실과 미래를 논해야 한다. '거망관리遽忘觀理'라는 말이 있다. 분노를 잠시 접고 사리를 따져보라는 뜻이다. 당장 화를 내서 얻을 수 있는 것은 순간의 통쾌함일 뿐이다. 그 대가로 오랜 근심을 초래하는 것이 세상의 이치이다. 개인의 일도 이러한데 국가의 판단이 노여움에 좌우된다면 그 화禍가 얼마나 크고 깊을지 가늠할 수 없다. 따라서 신중함과 평정심이 더욱 필요하다. 냉정한 평정심을 유지할 때, 당면한 사안으로부터 초탈하여 전체적인 그림을 명료하게 바라볼 수 있게 되고 상대방의 얕은꾀에 휘둘리지 않게 된다.

그런 점에서 베트남을 보면 참으로 냉정하고 현명한 민족이라는 생각이 든다. 월남전을 치르는 동안 미국과 한국에 많은 감정이 쌓였을 텐데, 베트남은 전혀 내색하지 않고 미래에 관해서만 이야기한다. 우리도 그래야 한다. 일본 우파 정치인이 도발하면, "대부분의 양식 있는 일본인들을 대변하고 있다고 생각하지 않는다. 자숙하기 바란다. 역사는 역사, 사실은 사실이며, 그 누구의 세 치 혀로 바뀌는 게 아니다"라고 얘기하고 또 현실에서 할 일을 하면 되는 것이다. 온 나라가 흥분하여 들썩여봤자 일본의 페이스에 말려들 뿐이다.

브루스 크링너Bruce Klingner는 온 가족이 태권도 블랙벨트로 지금도 태권도 도장에서 수련하는 한반도 전문가이다. 북한에 이상기류가 있으면 CNN, NBC, FOX NEWS 등 미국 유수의 TV 채널에서 그를 인터뷰하고 토론 프로그램에 초청한다. 필자는 유니온 기차역 앞에서 브루스와 우연히 만난 적이 있는데, 그날따라 브루스는 몹시 밝고 즐거운 표정을 하고 있었다. 그래서 한미 현안에 대해서 간단히 얘기하고 난 뒤 "무슨 좋은 일이 있느냐?"고 물었는데, "오늘 백악관 잔디 마당South Lawn 기자회견장에 참석했다. 처음이라서 감개무량했다"고 대답하는 것이었다. 그날은 아베 수상이 미국을 국빈 방문하여 백악관에서 오바마 대통령과 양자회담을 한 날이었다. 여기서 필자는 크게 놀라고 말았다. 우선 일본 대사관 측에서 한반도 전문가인 태권도 유단자 브루스를 배려한 깊은 마음 씀씀이에 놀랐고, 두 번째는 그동안 한국 대통령들이 숱하게 미국을 방문하고 백악관에서 기자회견을 했는데 단 한 번도 브루스를 초청한 적이 없다는 사실에 경악했다.

그날 필자는 일본의 집요한 한국 따돌리기 작전의 폭과 깊이가 상상 이상으로 넓고 깊다는 사실을 절감할 수 있었다. 게다가 주한 미국 대사관에 부대사Deputy Head of Mission로 부임하는 국무성 관료의 부인이 일본인인데 워싱턴의 일본 교민사회에서 성대한 환송파티를 열어주었다는 얘기를 듣고 있던 터라 더더욱 실감이 났다. 이제 우리는 집토끼도 제대로 간수하기 어려운 상황으로 접어들고 있는 것이다.

한국에 관심을 가지고 한국어도 잘하는 미국인들이 워싱턴 싱크탱크에서 제대로 자리를 잡지 못하고, 결국에는 일본에 관련된 일을 하게 되는 것을 목격하게 될 때마다 답답한 마음뿐이다. 우리가 워싱턴에 투자하지 않기 때문이다. 이러면서 일본과 경쟁하기는 어렵다. 한국을 사랑하고 한국어를 구사하는 연구 인력에게 우리가 자리를 마련하고 연구비를 지원해야 한다. 지금처럼 방치하면 한국의 존재는 희미해지고 한미 동맹의 결속력도 느슨해질 뿐이다. 그리고 아베 노부유키의 장담처럼 일본이 다시 한국으로 돌아올 확률은 생각보다 훨씬 빠른 속도로 커지게 될 것이다.

일본은 같이 지낼 만한 나라인가?

필자가 지금껏 공직 생활을 하며 만난 외국인 중에서 우리와 외모도 가장 비슷하고 생각하는 방식과 가치관이 가장 유사한 민족은 일본 사람들이었다. 일본인 개개인을 보면 전반적으로 수줍음을 타는 편으로 친절하고 예의 바르며 흠잡을 데가 거의 없다. 90년대 초반에 규슈 지방의 한 여관에 묵을 기회가 있었는데, 종업원들의 정성 어린 보살핌에 크게 감동받았던 기억이 지금도 또렷하다.

그런데 태평양전쟁 주요 격전지에서 승산 없는 싸움을 하면서도 최고 사령관부터 말단 사병에 이르기까지 전원 옥쇄하며 저항하는 일본인의 집요함은 도대체 어디에서 나오는 것일까? 일본군이 난징에서 벌인 만행과 오키나와 전투 당시 민간인들에게까지 옥쇄를 강요하던 집단 광기는 도대체 일본인의 어느 곳에서 튀어나오는 것인지 도무지 이해가 가지 않는다.

일본은 고대부터 근세에 이르기까지 이웃한 우리 민족에게 수많은 피해를 주었다. 일본의 해적인 왜구들은 삼남 지방의 해안 마을을 노략질하며 식량과 재물을 약탈하고 선량한 우리 민족을 납치하여 노예로 팔아넘기는 만행을 저질렀고, 특히 16세기 말의 임진왜란을 통해 우리 민족에게 크나큰 고통을 안겨주었다. 그리고 20세기에 들어서는 국권을 강탈하고 36년간 철권통치를 통해 민족의 정체성을 제거하려 했으며 중일전쟁, 태평양전쟁에 우리의 젊은이들을 학도병, 징용 노동자, 군 위안부로 강제 동원하여 끔찍한 고통과 굴욕을 강요한 바 있다.

2차 세계대전에서 패한 일본은 그간 비교적 자중하는 모습을 보였지만, 중국의 굴기로 위기감을 느낀 미국이 아시아 지역의 군사력 강화를 목적으로 일본의 재무장을 요청한 것을 계기로 다시 오만한 모습으로 변해가고 있다. 과거 미국이 일본을 경계하고 한국과 가까이 지내고 있을 때는 한국을 존중하는 모습을 보이던 일본이 이제 미국이 자국을 중시하고 우대하자 한국을 무시하려는 경향을 보이고 있는 것은 주목할 만하다. 1905년 체결된 가쓰라-태프트 밀약처럼 조선을 물건처럼 주고받는 것은 아니지만 적어도 한일 관계에서 일본이 한국을 지도하도록 하는, 다시 말해서 유사시 한일 군사협력이 필요하게 되면 일본 주도 하에 협력이 이루어지도록 하는 정도의 상호 양해는 있지 않았을까 다소 엉뚱한 상상도 해본다.

일본군 사령관 아래에 있는 한국군은 결코 유쾌한 상상의 대상이 될 수 없다. 그러나 일본 자위대의 무기 편제가 한국군보다 현대화되어 있고, 특히 정보 수집 능력이 월등히 앞서고 있는 점은 마음에 걸린다. 정보를 쥐고 있는 쪽이 주도권을 잡는 것은 지극히 자연스러운 귀결이기 때문이다.

국가 간의 관계는 힘에서 밀리면 그걸로 끝이다. 태평양전쟁 종전 후 70년간 한국이 북한과의 군사력 경쟁이라는 좁은 시야에 머무르는 동안, 동북아 안보체제라는 큰 틀에서 미국과 대화하고 설득하면서 정보 수집 능력과 원거리 타격 능력을 배양한 일본의 행보는 분명 특기할 만한 일이다.

한국도 남북 대결이라는 좁은 틀을 벗어나 동북아 안보체제라는 큰 틀에서 일본, 중국, 러시아와의 군사력 경쟁이라는 측면에 대해 보다 많은 시간과 자원을 투입했어야 했다. 북한과의 군사력 경쟁이라는 측면에서만 보면 한미상호방위조약이 든든한 버팀목이기 때문에 한미연합 전력이 북한을 능가하면 그만이지만, 일본에 대해서는 한미연합 전력을 들이댈 수는 없는 노릇이므로 독자 군사력의 중요성이 새롭게 부각되는데, 한국은 그동안 이 부분을 놓치고 있었다.

왜 이런 결과가 나왔을까? 앞서 지적하였듯이 군사작전 전문가와 안보전략 전문가는 서로 다른 차원의 개념이기 때문이다. 초급장교 시절부터 휴전선 근무와 후방 근무를 번갈아 하면서 경험을 쌓은 군

지도자들은 군사작전 전문가이지 국제적 감각이 필수인 안보전략 전문가가 아니다. 군사작전 전문가에게 국제적 감각이 없다고 비난하는 것은 무리이다. 앞서 언급했듯이 그간 분야별 전문가 양성이 이루어지지 못했다는 점이 몹시 아쉬울 뿐이다.

어쨌든 미국이 일본과 손을 잡은 이상, 우리로서는 일본과 더불어 사는 게 갈수록 피곤해질 것이다. 더 이상 미국의 눈치를 볼 필요가 없어진 일본이 한국에 고압적 태도를 유지하려 들 것이기 때문이다. 장경덕 〈매일경제〉 논설위원이 칼럼에서 펄벅Pearl Buck 여사와 케네디John F. Kennedy 미국 대통령이 나눈 대화를 소개한 적이 있다. 케네디 대통령이 한국이 일본의 관리 하에 있어야 한다는 의견을 피력하자, 깜짝 놀란 펄벅 여사가 한일 간의 역사적 굴곡을 설명하고 케네디 대통령의 생각이 갖고 있는 문제에 대해 설명했다는 내용이다. 이처럼 한국이 일본을 지키기 위한 전초 기지라는 인식을 갖고 있는 미국인들은 얼마나 될까? 동북아 안보협력체제인 QUAD에 한국이 포함되어 있지 않은 것을 보아도 한국이 일본의 전초 기지라는 인식이 제법 넓게 퍼져 있는 것으로 가늠할 수 있는데, 실로 큰 문제가 아닐 수 없다.

일본과 동일한 수준의 정보 수집 능력과 원거리 타격 능력을 갖추는 것이 문제의 해결책이다. 사실 일본 재무장 문제가 제기되었을 때 한국은 일본 재무장을 용인하는 대가로 미국에게 첨단 정보장비를 한국에 판매하도록 요구하고 미사일 사거리도 800킬로미터에서 대폭

늘려 북한, 중국, 일본과 같이 장거리 미사일 개발이 가능하도록 인정받았어야 했다. 역사 인식 문제에 매달려 정작 중요한 이슈를 놓친 것은 두고두고 아쉬움을 남길 것이다.

일본과는 산업적으로 긴밀히 연결되어 있는 만큼 최대한 협력 관계를 유지하는 것이 바람직하다. 그러나 경계를 늦추면 안 된다. 일본의 마지막 총독 아베 노부유키가 8.15 해방 후 일본으로 쫓겨 가면서 다시 오리라 장담했듯이 일본의 일거수일투족을 면밀히 분석하고 필요한 대비책을 사전에 마련해야 한다.

국방력의 격차도 문제지만 기술력 격차도 큰 문제이다. 일본의 첨단기술에 의존하는 산업구조를 유지하는 한 일본의 영향력을 배제하기는 어렵다. 국방력과 기술력을 획기적으로 개선해야 일본과 함께하는 평화로운 여정이 보장된다는 것을 명심해야 한다.

5
장

통일은 긴 호흡으로

한반도의 군사적 가치를 냉정하게 따져야 한다

"남북통일이 되어도 주한 미군은 철수하지 않고 한반도에 계속 주둔할 것이다."

스티븐 보스워스Stephen Bosworth 전前 주한 미국 대사의 발언 이후, 20년 가까이 대한민국의 정치인과 국민들은 한반도가 미국의 유라시아 반도 동쪽 거점이므로 군사전략상 매우 중요한 가치를 지니고 있다고 믿어 왔다. 그러나 한반도가 군사적 요충지임에는 틀림없으나 어느 정도의 가치를 지니고 있는지는 상황에 따라 충분히 달라질 수 있다. 다시 말해서 미국이 한반도를 절대로 포기하지 않을 것이라는 믿음을 갖는 것은 위험한 일이다.

보스워스 전 대사의 발언 이후 많은 한국인들은 그의 발언이 미국의 본심이라고 믿고 있지만, 20년 가까이 지난 지금도 여전히 유효하다고 볼 수 있을까? 한국이 아무리 중국과 가까워지고 일본과 불편한 관계를 유지해도 미국은 어쩔 수 없이 한반도의 가치를 인정하고 한반도 확보를 위해 협력 관계를 유지할까? 이에 대한 대답은 '반드시 그런 것은 아니다'이다.

최근 군사기술의 발전에 따라 원거리 정밀 타격이 가능해지면서 해군의 중요성은 날로 커지고 있다. 과거 2차 세계대전과 한국전쟁처럼 해병대가 육지에 상륙해서 교두보를 확보하고 그곳으로 육군을 투입하여 돌파구를 마련해 적을 섬멸하는 작전 개념은 이제 주류가 아니다. 미국 국방성이 해병대를 감축할 계획을 수립하여 실천하고 있는 걸 보아도 이는 명백한 현실이다. 따라서 미군의 전략 변화에 따라 한반도의 군사전략적 가치가 점점 작아지고 있다는 사실에 주목하고 정치, 군사, 경제 분야에 어떤 파급 여파가 있을지에 대해 면밀히 검토할 때가 되었다. 워싱턴 싱크탱크의 안보 전문가들 중 일부가 '한반도는 일본을 지키기 위한 전초 기지'라고 공공연히 주장하고 있는 것을 보면, 현재 그리고 향후 미국 정부의 동북아 안보정책 방향을 읽을 수 있다.

1950년 초 미국 국무장관 애치슨이 미국의 태평양방위선에서 한반도가 제외된다는 소위 애치슨라인을 발표함으로써 북한과 소련의 오판을 불러일으켜 한국전쟁이라는 민족상잔의 비극을 불러왔다는 사실이 미국의 한반도 정책 방향을 가늠하게 한다. 즉, 상륙작전이 보편적 전술 개념이었던 1950년대 초반에도 한반도의 '유라시아 대륙 동쪽 교두보'로서의 군사전략적 가치에 대해 절대적인 판단 기준이 없었다는 것을 우리에게 시사하기 때문이다. 아직 현실화되지는 않은 개념이지만 앞서 설명한 바와 같이 QUAD에 한국이 포함되지 않았다는 것 또한 한반도가 일본을 지키기 위한 전초 기지에 불과하고 주방어선主防禦線이 아닐 수 있다는 우려가 결코 기우가 아님을 보여준다.

그렇기 때문에 한국 정부, 특히 국방 당국은 크게 긴장하고 미국의 진의를 파악하고자 하는 노력을 기울여야 하며, 한반도가 경우에 따라 미국의 우선순위에서 제외될 수 있다는 가능성에 대비하기 위해 어떤 비상대책Contingency Plan이 필요한지 고심해야 한다. 미국이 우리의 맹방이고 우리를 도울 것이라는 믿음을 갖는 것은 좋지만, 그러기 위해 우리가 어떻게 처신해야 하는지에 대한 치열한 고민 없이 함부로 행동하는 것은 금물이다. 우리는 중국, 일본, 러시아와 같이 혼자서 상대하기 벅찬 강대국들에 둘러싸여 있다. 미국이 없다면 이들과 대등한 관계를 유지하기 어려운 것이 엄연한 현실이다. 감성적인 믿음은 자칫 국가의 운명을 위태롭게 할 수 있다.

국제 사회에서 낮은 구속력의 명분과 의리에 의존하는 것은 위험한 생각이다. 하지만 이해관계는 얘기가 달라진다. 서로의 필요와 이익이 촘촘하게 얽혀 있다면 어느 일방이 끝내고 싶어도 그럴 수 없고 오랫동안 유지된다. 미국이 우리에게 얻을 것이 적어지는 순간 이해관계는 끝이 날 수밖에 없다. 그렇기 때문에 끊임없이 이해관계를 점검하고 더 공고해지도록 현명하고 현실적인 대처 방안을 마련해야 한다.

'경제는 중국, 안보는 미국'이라는 '경중안미經中安美' 전략은 그야말로 우리 편한 식으로 생각하는 것에 불과해 두 나라 모두로부터 비난받는 결과만 초래할 뿐이다. 실제로 중국은 중국의 안보에 아무런 위해 요소가 될 수 없는 사드의 한반도 배치에 시비를 걸고 있고, 미국은 한국의 TPP 가입에 놀랍도록 차가운 반응을 보이고 있다. 미국이 아베노믹스에 의한 엔화 평가절하는 용인하면서, 유독 한국의 절제된 외환시장 개입에 대해서는 날을 세우는 것을 어찌 설명해야 하나? 이래도 한국이 미국과 중국 양측으로부터 러브콜을 받고 있다는 해석이 가능한가? 현재 한국과 미국의 동맹관계가 역사상 가장 좋고 빛 샐 틈도 없이 공고하다는 얘기를 들을 때, 허망하다 못해 눈물이 나오려는 것은 왜일까?

세상이 어찌 돌아가는지도 모르고 국내용 어젠다에 집착하여 나라를 왜적에게 바친 구한말 조선의 무능하기 짝이 없는 대신들이 생각날 뿐이다. 미국과 일본이 필리핀과 조선을 나눠먹기로 합의한 사실도 모르고, 미국 대통령의 딸 앨리스 루스벨트Alice Roosevelt가 개인적인 호기심으로 조선을 방문한 것을 두고 마치 미국이 조선을 아끼는 마음을 보여준 것이라고 일방적으로 해석하여 사절단을 미국에 보내 일본을 견제하려 했던 한심한 조정이 생각날 뿐이다[11].

《사기史記》의 〈상군열전商君列傳〉을 보면 '비기위이거지왈탐위非其位而居之曰貪位'라는 대목이 나온다. "자격 없는 자가 그 지위에 있으면, 이는 지위를 탐내기 때문"이라는 뜻이다. 역사와 민족 앞에 가장 큰 부담은 식견이 부족한 자가 중요한 자리에 앉아 있는 것이다. 식견 없이 자리를 지키려니 그저 듣기 좋은 소리나 하고, 위에서 시키는 대로 움직이는 시늉밖에 할 게 없다. 막중한 국사를 담당하는 자리는 생계형 직위도 아니고 속된 말로 폼 잡으려고 앉는 자리도 아니다. 나라와 민족의 앞날이 걸려 있는 숨 막히는 전쟁터인 것이다. 능력 없는 장수가 전장의 지휘권을 잡으면 승패는 이미 결정된 것과 다름없다. 업무의 성과는 의욕이나 열정과 반드시 상관관계에 있는 게 아니다. 의욕이나 열정만으로 해결할 수 없는 복잡한 문제가 존재하기 때문이다.

안보 당국은 민족과 역사 앞에 책임 있는 자세를 보여야 한다. 그렇지 않다면 국민들이 안보 당국의 존재 이유에 대해 강한 의문을 갖는 날이 올 것이며, 이는 분명 양식을 가지고 헌신하고 있는 대부분의 직업 외교관과 직업 군인들에게 큰 충격이 될 것이다.

---

11 앨리스 루스벨트가 조선 방문을 미국의 호의로 오해한 조선 조정에 관한 내용은 본서 'Reset 2: 20세기 조선과 21세기의 대한민국'에서 자세하게 소개하고 있다.

세계 7위의 군사 대국이라는 허구

2015년 GFP Global Fire Power[12]가 발표한 군사력 순위를 보면 대한민국은 세계 7위에 위치해 있었다. 요즘 한창 우리와 긴장 관계에 있는 일본은 우리보다 두 단계 아래인 9위를 차지하고 있었다. GFP 순위를 보면 한국군이 일본 자위대에 우위를 보이는 것이다. 그러나 실상을 살펴보면 과연 우리의 군사력이 일본보다 우월한 것인가에 대해 의문을 가질 수밖에 없다.

첫째, 우리나라의 정규군 병력은 62만 명으로 일본 자위대의 24만

12 GFP는 2003년부터 매년 100여 개의 지표를 이용해 군사력 순위를 발표하고 있는데, 미국 의회도서관(US Library of Congress) 및 미국 중앙정보부(CIA)의 자료를 바탕으로 업데이트되어 공신력을 인정받고 있다.

명보다 수적으로 훨씬 우위에 있지만, 정규군 중 장교와 부사관 수를 살펴보면 이야기가 달라진다. 한국군의 장교와 부사관 수는 16만 명인 반면, 자위대는 24만 병력 전원이 장교와 부사관이다. 게다가 전쟁 발발 시 자위대는 병력이 확대 개편될 여력이 커 질적인 면에서 한국군보다 열세라고 하기 어렵다.

둘째, 현대전은 병력보다 장비의 첨단화가 중요한데 일본 자위대는 정보 수집 장비에서 우리보다 월등하고, 경輕항공모함까지 운용하고 있으며, 공군 전투기의 성능 면에서도 앞서 있다. 한국군이 자위대보다 우월한 전투력을 보유하고 있다고 판단하는 데 큰 무리가 있는 것이다. 걸프전 이후 현대전에서 지상전의 중요성은 예전 같지 않다. 지상전보다는 원거리 정밀 타격 능력과 정보 수집 능력 등 첨단장비의 중요성이 더욱 커지고 있는데, 여전히 한국군은 보병 위주의 낡은 군대 편제를 유지하고 있을 뿐이다. 우리 군에게는 최첨단 무기체제로의 체질 개선이라는 커다란 과제가 부여된 셈이다. 한국전쟁 때 첨단 전술 대접을 받던 '근접 항공지원을 받는 보전포步戰砲 합동작전'의 비중이 아직도 상당한 비중을 차지하고 있다는 것만 보아도 우리 군의 낙후성을 알 수 있다.

무엇보다 세계 7위라는 순위가 허망한 이유는 GFP 순위가 핵무기를 제외한 순위라는 점이다. 핵폭탄을 보유하지 못한 국가의 군비 지출, 보유 장비, 병력 수가 아무리 뛰어나더라도 결국 실전에서는 핵을 보유한 군대가 절대적인 우위를 차지할 수밖에 없다. 즉, 핵폭탄을 고려하지 않은 군사력 순위는 의미가 없다고 보아야 하는 것이다. 게다가 핵폭탄을 고려하지 않더라도 한반도를 둘러싼 이해관계가 첨예한 중국, 러시아, 미국의 군사력 순위는 우리보다 훨씬 높으니 세계 7위는 더더욱 의미가 없다.

그런데 2016년에 들어서 한국군의 GFP 순위가 11위로 떨어진 반면, 일본 자위대는 7위로 급상승했다. 이는 시동을 건 일본 재무장이 신속히 진행되고 있다는 사실과 함께 다른 나라들도 군사장비 현대화에 박차를 가하고 있음을 알려준다고 할 수 있다. 한국군의 장비 현대화가 속도감 있게 추진될 필요가 여기에 있다.

전쟁에 있어서 군사기술의 수준과 장비의 중요성은 우리의 역사를 살펴보아도 잘 알 수 있다. 조선이 임진년에 쳐들어온 일본 군대를 물리칠 수 있었던 것은 명나라 원군의 힘에 의존한 바도 없지 않았지만, 기본적으로 조선의 군사기술 수준이 일본에 뒤지지 않았기 때문이다.

전쟁사학자들 중에는 16세기 말 일본 육군을 세계 최강으로 평가하기도 하지만, 실제 조선 육군의 장비도 일본 육군에 비해 결코 뒤지지 않았다. 포르투갈로부터 들여온 조총을 개량하여 무장한 일본 육군이 개인 화기에 있어서는 우위를 보였지만, 공용 화기의 경우는 조선이 일본보다 앞서 있었다. 변이중이 발명한 화차火車는 기관총의 원시적 형태를 갖추고 있었고, 이장손이 발명한 비격진천뢰飛擊震天雷는 유탄 발사기의 시조라고 할 수 있으며, 세종 때 박강이 고안한 신기전

神機箭은 원시 형태의 로켓포로 당대의 첨단무기였다. 조선 육군이 명나라 군대의 개입으로 숨을 돌리고 편제를 갖추자 행주산성 싸움, 진주성 싸움에서 중과부적의 상황을 극복하며 승리를 쟁취할 수 있었던 것도 이런 첨단무기 때문이었다.

해군의 경우는 압도적인 기술 우위에 있었다고 할 수 있다. 미 군사전문매체가 세계 해군 사상 7대 명품 군함 중 하나로 선정한 거북선뿐만 아니라, 주력함인 판옥선은 바닥이 평평한 평저선이어서 제자리에서 360도 회전이 가능했으며 선체 사방에 모두 대포를 장착할 수 있어 전투에 유리했다. 이에 반해 일본의 전함은 바닥이 뾰족한 첨저선이어서 속도를 내는 데는 유리했지만, 방향 전환에 시간이 걸리고 대포를 전함의 앞과 뒤에만 설치할 수 있어 화력이 절대적으로 열세였다.

여기에다가 조선 수군은 전술 목표를 전투원 살상에서 선체 파괴로 변경하는 독창적인 전술을 도입함으로써 근접 전투에 능한 일본 해군을 원거리 타격전으로 섬멸할 수 있었다. 특히 눈에 띄는 기술은 이순신 장군이 사용한 조란탄鳥卵彈이었다. 말 그대로 새알만 한 작은 쇠구슬 수십 개를 총통에 장착하여 한꺼번에 발사하는 조란탄은 세계 최초의 산탄 대포canister fire gun라고 할 수 있는데, 12척의 전함으로 300척이 넘는 일본 해군과 격돌해 압승을 거둔 명량해전에서 그 위력을 보여준 바 있다. 한양으로 상륙할 일본 육군을 가득 실은 전함들은 조란탄 사격이 형성하는 거대한 탄막에 걸려 수많은 전사자를 낼 수밖에 없었고, 결국 임진왜란에서 패배하고 말았던 것이다.

1871년 조선과 미국 사이에 벌어진 신미양요辛未洋擾를 보면 장비가 열세인 군대의 전투 결과가 얼마나 허망하기 짝이 없는지 보여준다. 미 해군 육전대가 강화도 초지진에 상륙하여 벌인 이 전투는 미국의 일방적인 승리로 끝이 났는데, 사실 전투라고도 할 수 없는 일방적인 살육이었으며 처참한 패배였다. 조선 수비군은 사령관 어재연 장군을 비롯해 300명이 넘는 전사자를 냈지만, 미군은 단 세 명이 전사했고, 심지어 그 세 명도 조선 수비군의 사격에 의한 손실이 아니었다고 한다.

초지진 전투는 군사전술이 아닌 미군의 기술과 장비의 승리였다. 미 해군 육전대의 전함은 증기선이었으며 전장식 공이쇠 격발 소총으로 무장한 반면, 조선 수비군은 범선을 타고 임진왜란 때 쓰던 조총보다 나을 게 없는 화승총으로 무장해 사격 속도와 정확도에서 큰 차이가 있었다. 조선 수비군의 화승총은 유효 사거리가 100미터 남짓했지만, 미국의 전장식 소총 유효 사거리는 500미터를 넘나들었다. 미군들은 조선 수비군의 화승총 유효 사거리 밖에서 조선 수비군을 조준 사격했던 것이다. 어재연 사령관도 결국 미군 저격수의 조준 사격에 희생되었다고 보면 틀림이 없을 것이다.

미 해군 육전대는 조선과의 무역 개시를 목표로 하였지만, 조선 수비군의 결사 항전을 목도하고 조선이 스스로 개항할 가능성이 없다고 판단하여 일방적 승리에도 철수를 선택했다. 그러나 가까스로 신미

양요를 넘긴 조선 조정은 진실을 외면한 채 백성을 기만했다. 학살에 가까운 패배였던 초지진 전투를 승전으로 둔갑시키는 한편 척화비를 세우고 쇄국정책 강화의 계기로 삼았던 것이다.

정상적인 정부라면 전투 결과를 상세히 분석하고 군사장비체계가 크게 뒤떨어진 사실을 인식하여 철저한 개선책을 마련했겠지만, 조선 조정은 아무런 조치도 취하지 않았다. 10년 후 1개 중대 규모의 신식 군대를 창설하는 데 그쳤을 뿐이다. 만약 쇄국정책을 추진하되 초지진 전투 결과를 철저히 분석하고 결과에 따라 신식 무기체계를 과감하게 도입했더라면 조선의 역사가 바뀌지 않았을까?

현재의 대한민국 군대는 어떤가? 역사의 교훈을 잊지 않고 그야말로 '빈틈없는 국방'을 이루고 있는 것일까? 그 결과 세계 7위의 군사대국이 된 것일까? 유감스럽게도 그렇지 않다.

차라리 1871년 조선 군대가 2016년 대한민국 군대보다 상대적으로 평가할 만하다고 할 수 있다. 적어도 어재연 군대의 장비 편제는 소총, 대포, 군검, 망원경 등 미 해군 육전대와 동일했지만, 현재 미군의 장비 편제는 한국군과 차원이 다르다. 우리는 핵폭탄, 대륙간 탄도미사일ICBM, 잠수함 발사 탄도미사일SLBM, AWACS 조기 경보기, B-1B 전략 폭격기, 핵 항공모함 등 미군이 보유한 첨단 전략 자산 그 어느 하나도 보유하고 있지 않다.

"역사를 기억하지 못한 자, 그 역사를 다시 살게 될 것이다."

철학자 조지 산타야나George Santayana의 말처럼 역사가 주는 교훈을 잊으면 비극은 되풀이된다. 구한말 조선은 자국의 위치에 대한 자각이 없었을 뿐만 아니라 남을 알려고 하지도 않았다. 지금의 우리들은 과연 다른 모습을 보이고 있는가?

청나라의 시조인 누르하치는 영원성 전투에서 명나라 수비군이 쏘아대는 홍이포에 부상을 입고 시름시름 앓으며 죽어가면서도 이렇게 명령했다.

"도대체 불덩이를 뿜어내는 저 괴물이 무엇이냐? 만주에 있는 금붙이를 모두 내다주어서라도 저 괴물을 구해오라."

역시 일세를 풍미한 영걸들은 문제의 핵심이 무엇인지를 파악하고 해결하는 능력이 있다. 일국의 운명을 건 전쟁에서 승리할 수 있다면 그깟 금붙이 따위 과감히 던지는 결단력이 있어야 하는 것이다. 구한말 조선에도 신식무기를 살 정도의 금붙이는 있었다. 그리고 지금의 대한민국도 마찬가지이다.

통일은 결코 쉽게 오지 않는다

박근혜 대통령이 2014년 신년 기자회견에서 '통일은 대박'이라는 통일대박론을 언급한 바 있다. 박 대통령의 발언은 식어가는 통일 열정과 통일 문제에 대한 국민의 관심에 다시 불을 붙이는 긍정적인 측면이 매우 컸지만, 그러나 통일에 우호적이지 않은 냉엄한 국제 정세와 통일을 위해 투입되는 시간, 노력과 비용을 고려한다면 부정적인 측면도 함께 보아야 한다.

우선 한반도를 둘러싼 열강 중 어느 누구도 진심으로 남한과 북한의 통일을 원하지 않는다. 겉으로는 다르게 얘기할지 몰라도 현상 유지가 그들에겐 최선이다. 우선 일본은 통일 한국이 강성한 모습을 갖추게 될 것을 내심 무척 경계한다. 때문에 지금처럼 남북한이 끊임없는 소모전을 펴는 것이 일본에게는 운신의 폭을 넓힐 수 있는 최고의 상황이다. 중국 역시 통일을 경계하고 있다. 특히, 남한 주도의 통일이 이루어져 미군이 압록강까지 진출하고 미 해군 태평양 함대가 북한 수역에 들어와 중국을 위협하는 시나리오를 극도로 경계한다. 러시아의 속내는 조금 다를 수 있지만, 크게 보면 중국과 비슷한 생각을 갖고 있다고 보는 게 맞을 것이다.

정부가 통일준비위원회를 설치하였지만 '준비'라는 단어가 주는 뉘앙스를 보면, 왠지 제 발로 걸어오는 통일을 준비하는 느낌이다. 그런 점에서 통일준비위원회가 아니라 통일추진위원회로 명명하는 게 맞을지도 모르겠다. 이름부터 뭔가 흡수 통일을 암시하니 말이다. 아닌 게 아니라 통일준비위원회의 핵심 인사가 흡수 통일 발언을 해서 한바탕 시끄러운 적도 있었다. 이처럼 통일준비위원회는 북한 내부로부터의 붕괴, 그리고 중국의 보장을 통한 남한 주도의 흡수 통일이라는 시나리오를 상정하고 있는 것으로 보인다. 그러나 누구의 발상인지 모르나 지나치게 순진하고 무모하여 훗날 역사의 비판을 받을 가능성이 크다. 대통령을 그릇된 방향으로 보좌하여 한반도 통일정책뿐 아니라 동북아 외교, 대미 외교에까지 부정적인 영향을 미치고 있기 때문이다. 미국의 국제 전략 싱크탱크인 CSISCenter for Strategic and International Studies의 동북아 전문가 마이클 그린Michael Green이 2014년 7월 신문 칼럼을 통해 한중 관계를 지나치게 낙관하는 박근혜 정부에 주의를 환기시킨 바 있는데, 이는 결코 가벼이 지나칠 수 없는 충고이다.

김정은 체제 이후 북한의 고관들이 처형되고 물갈이 인사가 이루어지는 것을 보고 현 체제가 오래가지 못할 것이라고 전망하는 전문가들이 있지만, 설사 김정은 체제가 무너져도 북한이 무너지는 것과 직접 연결 짓기는 어렵다. 무엇보다 현재의 체제가 무너지기도 힘들다. 왜냐하면 이미 북한은 3대 세습이 성공적으로 이루어졌기 때문이다. 일종의 봉건 왕조와 비슷한 체제가 되었다고 보아야 한다. 왕이 신하를 죽인다고 봉건 왕조가 무너지는 것은 아니다. 설사 왕이 신하들로부터 배척되어도 새로운 왕이 옹립되면서 왕조는 지속된다. 두 차례의 반정을 통해 왕이 폐위되었지만 새로운 왕이 옹립되면서 명맥이 이어진 조선의 역사를 보아도 이를 알 수 있다.

따라서 통일정책은 북한 체제가 상당 기간 지속된다는 가정 하에 수립하는 것이 좋다. 당대에 통일을 이루어 '통일을 성취한 정권'으로 역사에 기억되고 싶은 것은 거부하기 어려운 유혹이지만 조급함은 자칫 대사를 그르치기 쉽다. 바둑의 격언에 '착안대국 착수소국着眼大局 着手小局'이라는 말이 있다. 전체를 폭넓게 보고 방향을 정하되, 실행은 한 수 한 수 디테일에 집중해야 한다는 뜻이다. 통일정책도 바둑의 원리와 다르지 않다. 큰 원칙을 세우고 각자 시대가 요구하는 자기 몫을 할 때 통일의 길로 한 발 한 발 다가설 수 있다. 정권마다 제각각의 원칙과 어젠다를 설정하면 통일의 길은 열리지 않고 항상 제자리를 맴돌 뿐이다.

독일의 헬무트 콜Helmut Kohl 전前 수상은 우파였지만 좌파인 빌리 브

란트Willy Brandt 전前 수상의 통일정책을 그대로 승계하고 실천하여 독일 통일의 위업을 달성했다. 이에 비해 5년마다 바뀌는 대통령이 제각기 다른 어젠다를 설정하는 우리나라의 현실은 답답하기 그지없다. 입만 열면 독일에 가서 통일 노하우를 배워온다고 하면서 왜 가장 기본적인 것을 배워 와 실천하지 못하는지 이해할 수가 없다. 의욕이 지나치기 때문일까? 한꺼번에 해치우겠다는 조급함 때문일까? 통일 대통령으로 역사에 기록되고 싶은 명예 추구 심리 때문일까? 대철학자이자 성인인 아우구스티누스Aurelius Augustinus조차 "제게 순결과 절제를 주소서. 하지만 나중에!"라고 기도했다는 얘기가 있는데, 사실이라면 아는 것과 실행하는 것의 괴리는 인간 본연의 모습일지도 모르겠다.

중국이 한국 주도 통일을 보장할 것이라는 생각은 정말 순진한 발상일 뿐이다. 중국의 입장에서 이는 절대 용납할 수 없는 일이다. 그럼에도 일부 유력한 중국 인사로부터 긍정적 얘기를 들은 우리 측 인사가 오해를 주도하고 있는 것으로 보이는데, 앞서 언급했듯이 설사 약속을 했어도 중국이 북한에 군사적으로 개입하고 한국 주도 통일을 방해할 여지는 얼마든지 있다.

목표에 대한 의욕이 앞서면 사안을 제대로 읽지 못한다. '축록자불견산逐鹿者不見山'이라고 사슴을 좇다 보면 산을 보지 못하는 법이다. 통일 대통령을 만들겠다는 열망이 앞서면 모든 사안을 거기에 맞춰 자기가 원하는 방향으로 해석하는 게 사람의 본성이다. 따라서 통일준비위원회를 제안하기에 앞서 어떤 형태의 통일을 어떤 과정을 거쳐 달성할 것인지에 대한 치열한 토론이 선행되어야 했다.

지금의 형국은 행선지만 정하고 항로 설정도 하지 않은 채 닻부터 올리고 출발한 모양새이다. 이런 점에서 대통령의 통일 참모들은 돌이켜 생각해 보아야 한다. 혹시 전제부터 틀린 사안을 추진해 국력을 낭비하고, 무엇보다도 미우나 고우나 통일정책의 파트너가 되어야 할 북한에 불신감만 심어준 건 아닌지 말이다. 여건이 조성되어 통일이 되어도 두 개의 다른 체제를 어떻게 통합할 것인지, 남북한의 소득 격차는 어떻게 해소하고, 북한 토지에 관한 소유권을 주장하는 실향민의 민원을 어떻게 처리할 것인지, 통일에 필요한 재원은 어떻게 마련할 것인지 등등 어려운 문제가 한둘이 아닌 지난한 과정이 기다리고 있다. 통일에 대한 낭만적인 환상은 잠시 잊고, 냉정하고 치열하게 통일을 위한 준비를 해야 할 때이다.

특히, 중국의 역할을 기대한 나머지 중국에 기우는 모습을 보여 대미 외교를 곤궁케 하는 것은 중요한 전략적 실수임을 깨달아야 한다. 제1차 독일 통일 때 프로이센이 오스트리아, 프랑스를 무력으로 제압하고 통일의 걸림돌을 제거한 다음에도 영국과 러시아의 눈치를 보면서 '대大독일 통일(오스트리아까지 포함한 개념)' 보다 '소小독일 통일(오스트리아를 제외한 개념)' 을 택한 것을 보듯이, 우리 역시 한반도 주변 열강들의 속내를 정확히 파악하는 것에서부터 통일 전략 수립의 출발점을 삼아야 할 것이다.

남북 산업협력은 왜 중요한가?

북한의 4차 핵 실험 강행으로 폐쇄된 개성공단은 그동안 남한과 북한이 함께 걸어갈 길을 축약해서 보여준 사례였다. 개성공단은 북한의 값싼 토지와 노동력에 남한의 자본과 기술을 결합시켜 남과 북 모두에게 도움이 되는 시너지 효과를 냈다. 남한의 입장에서 보면 생산 원가를 낮춰 잃어가는 국제 경쟁력을 다시 회복할 수 있는 장점이, 북한의 입장에서는 남한의 산업기술을 배우면서 일자리를 창출하여 외화를 버는 효과가 있었다. 가장 단순한 형태의 협력이라고 볼 수도 있지만, 남한의 기술이 북한으로 이전되어 북한 스스로 기업을 이루어나가는 방향으로 심화 발전시켜 나갈 수 있었다.

남북 산업협력은 경제적인 측면에서만 바람직한 것이 아니다. 남북 당국이 산업협력을 추진하는 과정에서 서로 만나고 의논하다 보면 자연스레 양측의 신뢰가 싹트게 되고, 군사적 긴장 완화와 종국적인 통일 방안의 논의로 자연스럽게 이어지게 된다. 박근혜 정부가 추진하는 '한반도 신뢰프로세스'와 '드레스덴 선언Dresden Declaration'에도 부합하는 것이다.

뿐만 아니라 남북 산업협력이 심화 발전되면 북한의 소득 수준이 올라가 남북의 소득 격차가 줄어들게 되고, 북한이 물류 인프라와 에너지 인프라를 스스로 구축할 수 있는 여력을 축적하게 돼 통일 비용이 크게 절감될 수 있다. 감성적인 측면에서 보면 민족의 통일은 더없이 감격스러운 일이지만 현실적으로 막대한 통일 비용이 요구되므로 통일은 남북 모두에게 고통을 주는 측면이 분명히 있다. 따라서 통일 비용을 절감하는 것은 매우 중요한 의미가 있다.

남북 산업협력은 이처럼 남과 북을 서서히 동질화시킴으로써 종국에는 통합을 자연스레 이루어지게 할 수 있다. 혹자는 이야기한다. 산업협력을 통해 북한에게 여윳돈이 생기게 되면 핵무기를 생산하고 군비를 확장하는 데 쓰기 때문에 위험하다고. 물론 그런 우려가 전혀 없다고 할 수는 없다. 그러나 남북 산업협력이 없다고 북한의 행태가 바뀌는 것은 절대 아니다. 실제로 과거 100만 명 이상의 주민이 굶어 죽는 최악의 상황에서도 북한은 핵무기 개발에 돈을 쏟아부은 적이 있었다. 그러므로 남북 산업협력을 논의할 때는 일단 군사적 차원의 문제를 배제하고 접근해야 앞길이 보인다.

장기적인 안목으로 남북 산업협력을 차근차근 추진해서 자본주의 방식을 통해 북한의 개방을 자연스럽게 유도하고 남북이 평화 공존할 수 있는 여건을 갖추는 것이 먼저이다. 평화 공존이 확보되면 북한 핵무기의 위험성은 거의 사라질 수 있다. 정세가 평화로우니 핵무기를 사용할 가능성이 낮아지기 때문이다. 남북이 대립을 반복하는 가운데 북한이 경제난에 시달리면 오히려 군사적 충돌 가능성이 커지고 핵 위협이 현실화될 가능성이 커질 수밖에 없다.

남북 산업협력은 남북 모두에게 새로운 도약의 기회를 제공해 평화 통일의 기반이 마련된다는 긍정적인 요소를 가지고 있지만 여러 가지 장애요소도 있다. 북한 당국의 체제 수호를 위한 경직적인 태도와 관료적 행태도 부담이 되지만, 북한 핵 문제에 민감한 반응을 보이는 미국이 남북 산업협력에 제동을 걸고 있기 때문이다. 미국은 개성공단에서 생산한 물건의 원산지를 한국으로 인정하는 문제에 대해 아직까지 소극적이다. 논의의 여지를 남겨두기는 했지만 개성공단 제품이 미국으로 수출될 때 FTA 관세 경감 혜택을 받지 못했다. 또한 전략 물자의 개성공단 반입을 규제하여 개성공단의 산업구조를 고도화하는 데도 제약이 있었다.

남북 산업협력이 본격적으로 진행되려면 개성공단과 같은 산업협력공단을 여러 개 만들어야 한다. 중부의 철원 지방도 후보지가 될 수 있고 금강산 부근도 후보지가 될 수 있다. 산업협력의 다음 단계는 이를 국제화하여 남북한뿐만 아니라 제3국의 기술과 자본도 함께 참여하도록 하는 것이다. 그렇게 되면 남북 평화 공조체제를 더욱 공고히 하는 효과가 있게 된다.

한 걸음 더 나아가면 산업단지를 북한 지역에만 만들 게 아니라 남한에도 만드는 것이다. 군사 분계선 이남에 근접시켜 북한 노동자들이 출퇴근하게 할 수도 있고 남한의 산업단지에서 합숙하는 방법도 생각해 볼 수 있다. 물론 북한의 노동자가 남한 지역으로 진출하는 문제는 북한 당국으로서도 많은 정치적 부담을 느낄 수 있기 때문에 당장 가까운 미래에 실현될 수 있는 성격의 사안은 아니다.

미국의 입장에서는 남북 산업협력이 북한이 부를 축적하는 불안요소일 것이다. 그러나 좀 더 넓은 관점에서 보면 적대 행위가 있어야 북한 핵이 위협요소가 되는 것이기 때문에 남북 산업협력을 통하여 남북 간의 긴장이 해소되고 미국 기업들도 참여함으로써 북미 관계가 개선된다면 북한 핵이 더 이상 위협요소가 아닐 수도 있다는 점을 지적하고 싶다.

북한을 불량국가Rogue State로 정의하고 제재를 통해 압박하는 것만이 반드시 상책일 수는 없다. 북한이 체제 유지에 위협을 느끼면 더욱 더 핵무장을 강화하는 길로 나설 것이기 때문이다. 쥐도 막다른 골목에 몰리면 고양이를 문다는 얘기가 있듯이 북한을 지나치게 코너로 몰아붙이는 것은 하책이다. 독일에 나치즘이 출현하여 유럽을 파멸의 위기에 몰아넣은 것도 1차 세계대전 배상금 부담을 지나치게 가혹하게 떠안겨 독일 경제가 피폐해진 데 대한 반작용이었다는 역사적 교훈을 잊어서는 안 된다.

북한이 경제 발전을 이루도록 도와 드레스덴 선언의 목표 중 하나인 남북 공동 번영의 인프라를 구축하는 것이 장기적으로는 군사적 긴장을 해소하고 북한 핵 위협에서 자유로운 길이다.

이산가족 상봉과 금강산 관광 재개를 연계하려는 북한의 입장을 고려할 가치가 없다고 일축하는 것은 논리적으로만 보면 모순이다. 우리 국민이 금강산 관광 과정에서 살해된 것 때문이라면 천안함, 연평도 사건도 해결되지 않은 가운데 북한을 접촉할 이유도 없기 때문이다. 남과 북은 상생을 위한 행보를 함께 서두르는 것이 모두를 위해 최선이다.

그런 점에서 2016년 2월 10일 개성공단이 전격적으로 폐쇄된 것은 전략적으로 아쉬운 결정이 아니었나 싶다. 옳고 그름을 떠나 너무 빠른 행보로 보인다. 미국, 일본과 중국, 러시아의 반응을 살펴 적정 시점과 적정 수위(영구 폐쇄인지 잠정 폐쇄인지)를 결정해야 옳은 수순이었다. 북한을 제재할 수단이 제한적인 상황에서 우리가 가지고 있는 가장 큰 카드의 전략적 가치를 극대화하지 못한 점은 아쉬움으로 남는다. 예를 들어 6개월 잠정 폐쇄 카드를 썼다면 5개월쯤 후에 우리가 헤게모니를 장악할 수도 있었다. 다른 모든 제재 조치가 유지되는 상황에서 추가적으로 행할 수 있는 방안이 잠정 폐쇄 연장 여부로 제한되므로 북한 당국도 주변 4강도 모두 우리 외교·안보 당국의 조치를 예의 주시할 수밖에 없기 때문이다. 남북한의 신뢰가 회복되어 남북 산업협력을 통해 상생을 위한 행보를 함께하기를 기대해본다.

북한을 보는 관점 다양화해야

서울에 있을 때 북한을 바라보는 관점과 워싱턴에서 북한을 바라보는 관점이 다르게 느껴져서 개인적으로도 많은 생각을 갖게 된다. 우리 세대는 '때려잡자 김일성' 이라는 거친 구호와 함께 어린 시절을 보냈다. 극한 대결 속에서 서로를 원수처럼 여기는 불행한 시절을 지나 햇볕정책을 보았고 개성공단이라는 남북 산업협력 모델도 갖게 되었다. 그렇다고 해도 한국이 북한을 바라보는 관점은 이렇다 할 만큼 제대로 정립되지 못하고 있다. 북한의 강경 발언을 액면 그대로 받아들여 1차원적으로 반응하는 것이 큰 의미가 없음에도 불구하고, 일부 보수언론을 필두로 대결적 상황을 부추기는 세력이 우리 사회에서 견고한 층을 형성하고 있는 것도 현실이다.

군사적으로 볼 때 북한이 적敵임을 부인할 수는 없다. 한국전쟁은 끝난 게 아니라 잠시 휴전하고 있는 중이기에 아직도 법률적으로 남과 북은 전시 상황technically at war이다. 그렇지만 북한 동포는 혈연, 문화적으로 볼 때 우리의 형제자매이다. '우리의 소원은 통일'을 함께 노래 부르며 눈물 흘리고, 국제 경기에서 북한이 우리의 우방국들과 게임할 때도 오히려 목이 터져라 북한을 응원한다. 이 모든 것이 바로 핏줄에 존재하는 엄연한 동질성 때문이다.

북한은 통일 한국의 관점에서 보면 반드시 필요한 동반자이자 파트너이다. 통일 한국은 인구 규모나 경제 규모에서 세계 7위권 달성이 가능한 잠재력을 갖고 있다. 특히 북한 경제가 아직은 개발이 덜 된 상태라 발전의 여지가 무궁무진하므로 남북한의 역량을 합쳐 경제 발전을 이루면 독일, 프랑스, 영국, 이탈리아와 비슷한 수준의 강국 반열에 들어갈 수 있게 된다.

그렇다면 미국의 동아시아 정책과 관련하여 북한을 어떻게 바라보아야 할까? 북한은 늘 미국과 대립하고 중국 편에서만 서 있을까? 이 질문에 대한 답을 내려면 동북아의 지난 역사를 들여다보아야 한다. 통일된 중국은 늘 한반도에 시련을 안겼으며, 중국의 굴기에 가장 직접적인 영향을 받는 지역이 북한이었다.

북한의 지도자들은 내심 중국을 경계하고 있을 것이다. 북한의 미국통인 김계관 외무성 제1부상이 지나가는 얘기 비슷하게 북한이 미국의 동북아시아 정책에 우호적인 역할을 할 수 있다는 취지의 의미

심장한 발언을 한 적도 있다. 이 발언의 진정성에 대해서는 평가할 여지가 분명히 있지만, 중국이 북한의 주권이나 독립을 위협할 때 북한이 당연히 고려할 수 있는 카드가 중국과 대립 관계에 있는 미국과 연합하는 것이라는 점은 국제 관계의 상식에 속한다.

한국 정부는 북한과 중국 사이에 존재하는 미묘한 긴장을 인식하고 이에 관해 미국과 진지한 대화를 나누어야 한다. 북한을 무조건 반대편에 놓고 짜내는 전략은 반쪽짜리의 불완전한 전략이라는 것을 한미 당국이 이해할 때, 비로소 동북아시아 문제의 해결 방안에 보다 가까이 다가갈 수 있다. 북핵 문제도 핵무기가 미국을 겨냥한 것이라는 단선적 사고에서 벗어나야 해결의 실마리를 찾을 수 있다. 중국의 위협으로부터 자유로워질 수 있는 안전장치로 북핵이 작용할 수도 있다는 인식을 한미 당국이 공유할 때, 북한과 보다 폭넓은 대화를 할 수 있을 것이다. 시진핑 국가주석이 불편한 관계에 있는 오바마 대통령과 북핵 문제와 관련해 공동 보조를 취하는 모습 자체가 북한의 핵무기가 중국의 영토 확장 의지를 좌절시킬 수 있을 뿐 아니라 상당한 수준의 위협이 된다고 여긴다는 유력한 증거이다.

물론 중국이 미국과 동일한 수준의 강경한 입장을 취하기는 어렵다. 북한을 지나치게 옥죄어 북한이 붕괴되면 중국으로서도 감당하기 어려운 상황이 올 수 있기 때문이다. 2016년 벽두에 북한이 수소폭탄 실험 성공을 공표했을 때 한 · 미 · 일이 초강경 제재 입장을 밝히자 왕이 외교부장이 대화를 강조하며 한 발을 뺀 것이 중국의 미묘한 입장을 보여주는 증거이다. 미국은 이러한 점을 인식하고 북한과 관련한 정책 방향을 다시 가다듬어야 한다.

이러한 과정에서 일본의 태도는 늘 걸림돌이 된다. 일본은 북한이 미국에 접근하는 것을 경계한다. 일본은 남북한이 가까워지는 것도, 북미 관계가 개선되는 것도 원하지 않는다. 동북아시아에서 일본이 차지하고 있는 지위가 흔들리기 때문이다. 남북이 대립하고 미국이 북한을 옥죄는 것이야말로 일본이 원하는 한반도 상황이다. 한반도 긴장 관계가 지속되어야 미일 군사협력의 중요성이 더욱 부각되고, 일본군의 무장을 강화할 수 있는 명분이 생기기 때문이다. 미국으로서는 동북아시아 안보전략, 특히 한반도 전략을 수립할 때 '일본 측이 만들어내는 소음Japan-made noise'을 걸러내는 혜안이 필요하다.

일본 측의 소음을 없애는 가장 효과적인 방법은 남북 간에 긴장을 해소하고 협력이 이루어지도록 하는 것이다. 남북 간에 협력이 이루어지면 그만큼 미국의 북한 접근도도 좋아질 것이기 때문에 북미 관계가 개선되는 부수적인 효과도 기대할 수 있다. 따라서 한국 정부는 까다로운 조건을 걸고 길들이겠다는 태도로 북한을 몰아붙이는 전략을 재고해야 한다. 아무런 성과도 내지 못하면서 불화와 반목만 깊어지기 때문이다.

한국 정부는 너그러운 마음으로 북한을 대해야 한다. 식량도 주고, 약품도 주고, 북한의 산업 생산력 향상을 도와주어야 한다. 그리고 포용의 자세야말로 장기적으로 미국의 이익에 부합된다는 점을 미국 당국에 설명하고 이해를 구해야 한다. 북한을 몰아붙여 붕괴시키고 그 공간으로 들어가 흡수 통일을 하겠다는 전략은 중국이 개입하기 때문에 성공하기 힘들고, 역사에 남을 또 하나의 민족 수난을 초래하는 최악의 선택이 될 수도 있다는 점을 직시해야 한다.

북한이 붕괴되면 남한이 상황을 장악하고 주도적으로 처리할 능력이 있는가? 중국의 묵인을 받아내 중국군의 북한 침공을 막아야 하고, 집단적 자위권에 기초한 일본군의 한반도 상륙 움직임을 견제해야 하고, 미군과의 긴밀한 협조도 이끌어내야 하는데, 어느 하나 만만한 게 없는 것이 현실임을 인정해야 한다. 그렇기 때문에 대북정책은 숙고에 숙고를 더해 인내심을 가지고 접근해야 한다.

같은 민족으로서 협력해야 할 대상으로 북한을 정의하고 이에 맞춰 모든 외교 · 통일 정책의 내용을 정돈해야 한다. 북한을 단지 붕괴의 대상으로 정의하면 한 치도 앞으로 나아갈 수 없을 뿐 아니라 정책이 잘못 설정되었다는 역사 기록만 남게 된다. 북한은 쉽게 붕괴되지 않는다. 붕괴 시나리오에 매달려 있다가 북한의 체제가 날로 공고해지면 붕괴 시나리오 작가들은 후세 역사가들에게 매도될 것이다.

북한의 고위층이 숙청되고 처형되는 것은 현대 민주주의 관점에서 보면 큰 문제이지만, 3대째 세습이 이루어진 북한은 과거의 봉건 왕조와 비슷한 성격의 국가라고 보아야 한다. 일반 민중들이 볼 때는 오히려 지도자의 권위가 크게 느껴지고 고위층의 불행이 카타르시스를 가져올 수도 있는 것이다. '거들먹거리더니 꼴좋다. 출세하지 않고 평범하게 사는 것이 최고' 라는 생각을 갖게 되기도 할 것이다.

따라서 북한에서 일어나는 일들이 우리의 가치 기준에 맞지 않다고 해서 북한이 곧 붕괴되리라 생각하는 것은 지나치게 우리 위주로 생각하는 것이다. 또한 북한 내부에서 일어나고 있는 개혁에 대해서도 객관적으로 평가해야 한다. 북한이 시장 경제를 조심스럽게 도입하고 있는 점을 보더라도 북한을 무조건 배척하고 몰아붙이는 정책이 해답이 아님을 알 수 있다. 우리 쪽으로 다가오는 북한을 자꾸 밀어내기보다 더욱 다가오도록 도와주고 이끌어줄 때 신뢰 관계가 형성된다. 이러한 신뢰 관계를 바탕으로 보다 나은 민족의 미래를 함께 설계해 나갈 수 있는 것이다.

UN에서의 북한 인권 문제 논의는 필요하나 우리가 앞장서서 나설 자리는 아니라고 생각한다. 아무리 나쁜 짓을 해도 형이나 아우면 보듬고 감싸거나 짐짓 모르는 척하는 게 한민족의 DNA에 새겨져 있는 인지상정인데, 국제 사회에서 북한의 인권 실상을 재단하는 일에 한국이 앞장서는 것은 왠지 어색해 보인다.

최근 UN에서 우리가 보여준 북한 인권 문제 대응 방식은 결국 북한을 압박하여 붕괴시킨다는 전략 차원에서 이루어진 것으로 보인다. 나그네의 두꺼운 외투를 벗긴 것은 바람이 아니라 따뜻한 햇볕이었다는 동화적 접근이 아니더라도 상대방을 지나치게 압박하면 상대방을 변화시키기보다 폭발시키는 경우가 많다. '금곤복거禽困覆車' 라고 잡힌 짐승도 궁지에 몰리면 사냥꾼의 수레를 엎는 법이다.

우리의 목표가 통일이라면 북한이 온전한 상태에서 상호 합의 하에 평화 통일을 이루는 것이 달성 가능한 유일한 시나리오라는 인식을 확고하게 가져야 한다. 남북 합의에 의한 통일은 민족적 동질성에 대한 인식을 기초로 하여 깊이 쌓인 신뢰 관계에서만 가능하다.

최선의 시나리오: 점진적 평화 통일

한민족의 운명은 미래에 어떻게 전개될까? 쉽게 예측하기 어렵지만 최선의 시나리오, 다시 말해서 희망사항에 대해 이야기해 보는 것은 가능하다고 생각된다.

최선의 시나리오에서 가장 핵심적인 키워드는 '통일'이다. 한민족이 남과 북으로 대립하여 불필요한 비용을 부담하는 분단 구조는 반드시 혁파되어야 한다. 그러나 통일 과정에서 비용이 너무 크게 들면 분단 구조를 유지하는 것보다 못할 수도 있다. 즉, 수학적으로 통일 비용이 분단 비용의 누계보다 크다면 통일의 경제적 의미는 없어진다는 뜻이다.

통일 비용이 분단 비용의 미래치 누계보다 큰 경우는 어떤 경우일까? 여러 가지 시뮬레이션 모델이 가능하겠지만, 무력에 의한 통일의 경우나 정권의 갑작스런 붕괴로 인한 혼돈 상황에서 통일이 이루어질 경우라 할 수 있다. 이런 경우에는 막대한 통일 비용이 들어가게 돼 통일의 경제적 의미가 없게 된다. 최선의 시나리오는 남북 합의에 의한 평화 통일이며, 시간을 두고 남과 북을 서서히 하나의 체제로 묶어 나가는 과정을 거치는 것이다.

물론 남과 북이 합의한다고 점진적 방식의 평화 통일이 보장되는 것은 아니다. 북핵 문제에 대한 국제 사회의 간섭이 예상되기 때문이다. 핵 처리 문제를 통일 후 적정 시점으로 미룰 수도 있겠지만 호락호락 넘어갈 사안이 아니다. 갈등 구조와 이해관계 충돌을 조정하여 모두가 동의하는 해결책을 내야 하는데 결코 쉽지 않을 것이다. 북한 땅에 대한 소유권을 주장하는 실향민들과 실향민들의 후손, 그리고 이들로부터 토지 문서를 사들인 사람들의 권리를 어떻게 인정할 것인지의 문제도 해결이 쉽지 않다. 북한이 개인의 토지 소유권을 인정하지 않고 있어 법률적으로 소유권 간의 충돌은 없겠지만, 북한 주민들이 경작권이나 점유권을 토대로 소유권을 주장하면 갈등 구조의 해결이 쉽지 않기 때문이다.

남북한 정치 세력 간의 공존 문제도 중요한 쟁점 중의 하나이다. 북한 공산당이 어떤 형태의 강령을 새로이 택하느냐의 문제인데, 북한도 자본주의 경제 운용 방식을 도입하고 있으므로 시간이 지나면서 북한 공산당의 강령이 유럽식 사회주의 정당의 강령으로 접근한다면 우리의 진보 정당과 유사한 성격의 정당이 될 가능성이 있다. 이렇게 되면 남북한 정치 세력 간의 공존이 가능해진다.

점진적 평화 통일의 출발점은 경제적으로는 남북 산업협력이고, 군사적으로는 남북 간에 불가침 평화조약을 맺는 것이다. 개성공단에서 이루어지는 산업협력은 여러 가지 제약이 있는 모델이므로 북한이 스스로 경제 발전을 할 수 있도록 다양한 형태의 산업협력 모델을 검토해야 한다. 산업협력이 활성화되면 북한의 생활 수준이 향상돼 결과적으로 통일 비용을 절감하는 효과가 있으며, 남한 입장에서는 북한의 경제 성장률이 높아지기 때문에 통일 비용을 부담할 능력이 커지는 효과가 있다. 물론 남북 간 불가침조약을 맺는 문제는 1953년 휴전협정의 지위와 관련하여 국제법상의 쟁점이 될 수 있다. 한국전쟁의 당사자 중 남한과 북한 간에만 체결되는 불가침조약이므로 그 효력이 제한적일 수밖에 없기 때문이다.

따라서 점진적 평화 통일을 위해서는 주변 국가들의 협조를 얻어야 한다. 한반도에 통일 국가가 출현하는 것에 주변국들이 환영만 하는 것은 아니다. 새로운 강력한 경쟁 상대가 나타나는 것이기 때문이다. 따라서 주변국들의 불안감을 해소하고 적극적인 협조를 얻기 위한 외교적 노력이 어려운 과제가 될 것이다.

두 차례의 민족 통일을 이루어낸 독일의 역사를 보면 첫 번째 통일에서는 앞서 언급했듯이 통일 방해 세력인 프랑스와 오스트리아를 무력으로 굴복시킨 연후에 주변국들의 지지를 이끌어냈다. 두 번째는 방해 세력인 소련이 체제 전환의 격동기를 거치며 스스로의 문제에 묶여 있을 때, 오랜 기간의 노력으로 형성된 신뢰를 바탕으로 전격적으로 이루어진 통일이었다. 남북통일이 어느 날 갑자기 이루어질 것이라는 낭만적인 상상은 절대 금물임을 알 수 있는 대목이다.

그렇다고 평화 통일의 길을 포기할 수는 없다. 아무리 갈 길이 멀고 험해도 남북이 손을 잡고 차근차근 한 걸음씩 통일을 향해 걸어가야 한다. 통일이 대박이기는 하지만, 품이 엄청나게 많이 드는 지난한 과정을 거쳐야 결실을 맺을 수 있기 때문이다.

물론 어느 날 갑자기 우리에게 통일이 찾아올 수도 있다. 그러나 이런 경우 평화 통일이 아닐 것임도 분명하다. 점진적 평화 통일이 아닌 다른 형태라면 어떤 모습을 띠고 있을까? 북한의 붕괴로 인한 흡수 통일? 절대로 대박이 될 수 없는 통일이다. 전쟁을 통한 통일? 한반도에 잿더미만 남게 될 것이다. 갑자기 다가오는 통일 형태 중 하나는 외세의 침입으로 외세가 경영 목적상 남과 북을 합치는 것을 상정해볼 수도 있다. 그야말로 대박은커녕 쪽박 중에서도 최악의 통일인 것이다.

북한 붕괴로 인한 흡수 통일이 대박이라고 주장할 수도 있다. 그러나 북한이 권력 진공상태에 빠질 때 주변국들이 어떤 행보를 보일지 알 수 없는 불확실성을 잊어선 안 된다. 남북 간에 의사소통이 막힌 상황에서 북한이 혼돈에 빠지면 우리가 할 수 있는 일이 거의 없음도 인정해야 한다. 즉, 북한의 붕괴는 재앙의 시작일 가능성이 100퍼센트에 가깝다.

북한의 붕괴가 축복이 되는 유일한 방안은 중국과 러시아가 한국 편에서 한국의 북한 접수를 돕는 것인데, 그렇게 될 가능성은 없다고 봐야 한다. 지금도 중국은 동북공정이라는 국가 주도의 역사 기술 사업을 통해 북한에 대한 영유권이 있음을 주장하고 있다. 고구려가 중국 역사의 일부이고, 평양이 원래 중국 땅이라는 억지 주장을 펴고 있다는 점을 망각하면 안 된다. 한때 베트남을 지배한 적이 있는 역사에 근거해 1979년에 베트남을 무력 침공한 전력이 있는 중국이다. 한국 주도 통일은 미군의 전략 자산이 압록강까지 전진 배치될 수 있는 길을 열게 하는데, 중국이 이를 달갑게 볼 리 없다. 러시아도 크림 반도를 무력으로 합병했고 한반도에 관심이 크다. 러시아도 변수가 될 수 있다는 뜻이다.

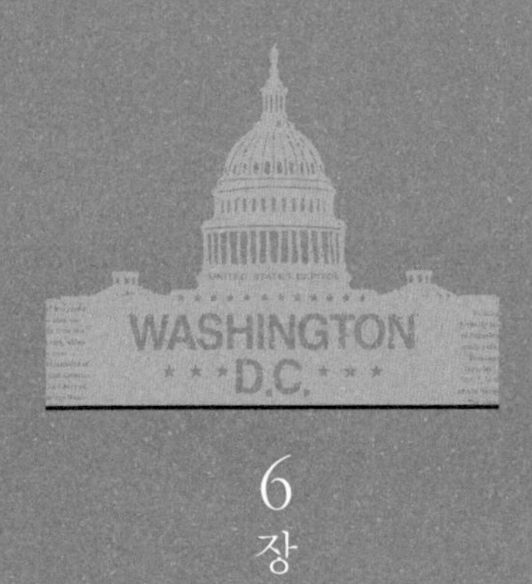

6
장

수박 겉핥기식 미국 공부

보수도 없고 진보도 없다

언제부터인가 우리 사회에는 이념 논쟁을 터부시하는 이해하기 힘든 정치 관행이 자리 잡고 있다. 색깔 논쟁 운운하며 이념 대립을 논쟁의 장으로 끌어들이는 정치 행태를 큰 잘못인 것처럼 여기고 있는 것이다. 그런데 미국 싱크탱크에서 근무하며 필자는 미국 정치인들의 이념 논쟁이 매우 치열하고 논리 정연하다는 사실에 크게 놀랐다. 게다가 공화당과 민주당이 표방하는 보수와 진보의 개념 구분이 우리와 달라 조금 당황스러웠다.

미국의 공화당과 민주당은 자유기업제도Free Enterprise, 개인의 자유Individual Freedom, 제한된 정부Limited Government라는 건국 이념Founding Fathers' Principle을 공유하지만 해석과 적용에 있어 입장을 달리한다.

공화당은 건국 이념에 충실해야 한다는 입장이고, 민주당은 시대가 변했으므로 연방 정부의 역할을 확대해야 한다는 입장이다. 특히 양당의 입장은 경제적 약자를 위한 국가의 역할에 있어 첨예하게 대립하는데, 이는 보수주의자Conservative와 진보주의자Liberal의 인간을 보는 기본 관점의 차이 때문이다.

보수주의자들은 개인을 책임 의식이 투철한 독립된 인격체로 인식한다. 따라서 경제적 약자에 대한 국가의 배려는 최소화되어야 하고, 대신 교회, 마을 등의 지역 공동체가 이들을 배려해야 하며, 신세진 것을 나중에 반드시 갚아야 한다는 입장을 취한다. 반면 진보주의자들에게 개인은 거대한 산업 사회 속에서 생존을 위협받는 존재이며, 국가의 보살핌이 필요한 연약한 존재이기 때문에 국가가 경제적 약자를 위해 충분한 복지를 제공해야 한다고 주장한다. 이에 대해 보수주의자들은 진보주의자들의 주장대로 복지가 계속 늘어나게 되면 결국 기회의 평등이 아닌 결과의 평등으로 접근하게 되면서 종국에는 미국이 사회주의로 이행할 것이라는 우려를 제기한다.

미국의 진보주의는 프랭클린 루스벨트 대통령의 뉴딜New Deal에서 구체적인 정책으로 구현되기 시작해 린든 존슨Lyndon Johnson 대통령의 그레이트 소사이어티Great Society를 거쳐 버락 오바마 대통령의 오바마케어Obama Care 구축으로 완성된 틀을 갖추게 된다. 이러한 체계는 보수주의자들로부터 미국이 유럽식 사회주의를 향해 가고 있다는 평가를 받고 있었는데, 자칭 사회주의자인 버몬트 주 출신의 버니 샌더스

Bernie Sanders 연방 상원의원이 민주당 대통령 후보 경선에 참여하여 돌풍을 일으킴으로써 어느 정도 입증되었다고 할 수 있다. 만약 '자칭 사회주의자' 인 샌더스 의원이 민주당 경선에서 승리하고 혹여 자본주의에 기초한 미국 헌법을 수호할 의무가 있는 연방 대통령에 취임하게 된다고 가정했을 때, 이게 과연 법적으로 가능한 것인지 사실 당혹스럽다. 결과적으로 힐러리 클린턴이 경선에서 승리함으로써 문제가 성립되지는 않았지만, 샌더스 의원이 민주당 경선에 참여했다는 사실 자체가 주목할 만한 사건이다.

1835년 프랑스의 정치철학자 알렉시 드 토커빌Alexis de Tocqueville은 그의 저서 《미국의 민주주의Democracy in America》에서 미국식 민주주의의 위험성을 예견한 바 있다. 미국식 민주주의가 평등을 강조하게 되면 국가의 기능이 커져 종국에는 국가 권력이 개인의 생활을 통제하고, 개인은 무기력하게 되어 국가의 선처에 의존하게 되는 새로운 형태의 전체주의 체제로 이행하게 된다는 것이다. 다시 말해 기회가 아닌 결과의 평등을 추구하게 되면 복지제도가 비대해지고 세금이 늘어남으로써 개인들이 굳이 열심히 노력하기보다는 국가가 제공하는 편의에 의존하는 수동적인 삶을 살게 된다는 뜻이다.

이러한 우려는 일부 현실로 나타나고 있다. 린든 존슨 대통령이 그레이트 소사이어티 프로그램을 통해 싱글맘에게 생활수당을 지급하는 새로운 복지제도를 도입한 결과, 이혼율이 급증하고 결혼 기피 현상이 저소득층에 만연하게 된 것이다. 심지어 그레이트 소사이어티는 가정 파괴범Family Breaker이라는 비난까지 받았는데, 흑인 언론인 제이슨 라일리Jason Riley의 저서 《Please Stop Helping Us》에 따르면 1960년대에 비해 2011년에 아버지와 함께 살고 있는 미국 어린이들의 비중이 감소했으며, 특히 아버지와 동거하는 흑인 어린이의 비중이 크게 낮아졌다고 한다. 그는 진보주의자들의 복지 확대정책이 오히려 흑인 저소득층의 학습 의욕과 근로 의욕을 잃게 해 빈곤의 굴레에서 벗어나지 못하게 한다는 주장을 펴면서 복지정책의 축소를 강력히 주장하고 있어 눈길을 끈다.

그렇다면 대한민국의 정치 이념과 복지 현실은 어떠할까? 보수와 진보를 표방하는 정당의 대결 구도가 비슷하니 미국과 같을까? 일견 비슷해 보이지만 속내를 살펴보면 전혀 다르다.

첫째, 미국은 이념이 지역을 가르지만 한국은 지역이 이념을 가른다. 다시 말해서 미국의 경우는 보수주의와 진보주의 이념을 따르는 사람들이 어느 곳에 더 많이 사느냐에 따라 지역의 정치 성향이 드러난다. 그러나 한국의 경우는 영남이니까 보수주의고, 호남이니까 진보주의라는 식의 지역 우선 구도이다. 대한민국 정치의 후진성이 집약되어 나타나는 것이 바로 지역이 이념을 가르는 원시적 행태이다.

둘째, 우리나라는 치열한 이념 논쟁이 없다 보니 이념적 기반도 없으면서 막연히 나는 보수, 너는 진보라고 정의한다. 현재 대한민국의 여당과 야당이 이념적으로 어떻게 다른지, 특히 미국식 보수주의와 진보주의 분류 기준에서 볼 때 여야가 내세우는 정책이 서로 어떤 차

별성을 보이는지 살펴보면 대북정책 분야의 차이를 제외하고는 뚜렷한 차이를 인식하기 어렵다.

이념은 결국 '어떻게 생산해서 어떻게 분배할 것인가?'에 관한 기본 원칙이다. 정치인들은 늘 치열한 토론을 통해 시대에 맞는 최선의 이념을 도출하고 실천함으로써 국민 생활을 편안케 해야 한다. 그런데 지역이 이념을 가르는 우리의 상황에서는 정치의 존재 의미를 찾기 어렵다.

대한민국 정치는 보수와 진보의 정의定義를 바로잡는 것에서부터 새롭게 시작되어야 한다. 보수주의자는 파쇼 독재 집단이자 산업화 세력으로, 진보주의자는 자유주의자 집단이자 민주화 세력으로 정의되는 진영 논리 내지 상대방 격하 논리에서 탈피하는 게 첫걸음일 것이다. 10년쯤 전에 노무현 정부의 고위 인사가 워싱턴의 유수한 싱크탱크에 와서 보수와 진보에 관해 설명하며 한국식으로 '보수는 자유를 제한하는 나쁜 세력' 운운했다가 웃음거리가 된 일이 있었다. 대한민국 정치학의 수준이 만천하에 드러난 순간이었다.

이렇게 왜곡된 정의가 버젓이 받아들여지고 만연하게 된 데는 학문적 책임을 다하지 못한 원로 보수 논객들과 아무런 고민이나 비판 없이 엉터리 진영 논리를 받아들인 원로 정치인들의 책임이 무겁다. 보수주의와 진보주의는 헌법적 가치를 공유하는 것을 토대로 헌법적 가치의 해석과 적용에 있어서의 입장 차이로 정의되어야 하고, 보수·진보 논쟁은 이러한 헌법 이념의 틀 안에서 이루어져야 한다.

보수는 우파, 진보는 좌파라는 형식 논리도 잘못된 것이다. 우파는 자본주의자를 의미하며 좌파는 사회주의자를 의미한다. 따라서 대한민국 헌법 이념이 시장경제를 지향하고 있는 한, 좌파 사회주의 표방은 헌법 질서를 부정하는 것이 된다. 보수와 진보는 이제 서로 대립하는 진영 싸움을 할 게 아니라 서로 존중하고 논리에 입각한 토론을 통해 결론을 내는 성숙한 정치를 이 땅에 뿌리내려야 한다.

특히 복지정책의 확대에 있어서는 보수도 진보도 긴 안목을 가지고 치밀하게 추진해야 한다. 어려운 처지의 사람들을 돕겠다는 착한 의도를 갖고 도입한 정책들이 실행에 옮겨진 결과, 원래의 의도와는 정반대로 어려운 처지에 있는 사람들을 절망의 나락에 빠지게 하거나 예상하지 못했던 부작용으로 사회 문제가 되기도 한다. 철학자 칼 포퍼Karl Raimund Popper가 천국을 만들려는 시도가 반대로 지옥을 탄생시킨다고 한 지적과 맥이 통하는 것이다.

아파트 경비원들의 열악한 처우를 개선하기 위해 경비원 임금을 최저임금 수준으로 올리는 것을 법으로 의무화한 결과, 전국적으로 약 4만 명의 경비원들이 일자리를 잃었다. 비정규직들의 법적 지위를 안정시켜주기 위해 도입됐던 '2년 근무 후 정규직 의무고용 제도'는 입법 의도와는 정반대로 비정규직 노동자들의 삶을 벼랑 끝으로 내몰았다. 왜 이런 결과들이 나왔을까? 정책 수립자의 의도는 분명 약자를 보호한다는 선한 의도였는데 정책의 결과는 왜 참담할까? 인간의 현실적이고 이기적인 마음을 간과했기 때문이다.

이기적인 마음이 복지정책의 실패를 부른 사례는 외국에서도 많이 관찰된다. '요람에서 무덤까지'라는 캐치프레이즈 아래 확대됐던 영국식 복지제도도 이기심 때문에 한계 상황으로 내몰렸다. 병원비가 무료이니 과잉 진료가 많아져 병원 일손이 모자라게 되었고, 정작 위급한 환자가 수술 순서를 기다리다 사망하는 일이 생겨난 것이다. 내 얼굴의 뾰루지가 남의 다리 부러진 것보다 중요하고, 나도 일에 쫓기다보니 급한 환자라도 순서를 양보하기 어려워진 것이다.

한때 화려한 약진을 보였던 소비에트 연방도 노력에 대한 합당한 보상을 원하는 이기적인 태도로 인해 실패를 맛보았다. 공산주의 혁명이 성공한 후 의무교육제도가 도입됨으로써 엄격한 신분 사회에서 차별받던 농노 계급에게 주어진 교육 기회는 꿈같은 혜택이었고, 이로써 인재의 풀이 넓어져 기술 발전의 원동력이 될 수 있었다. 그러나 한 세대가 지나면서 평등한 대우는 오히려 짐이 되었다. 노력한 만큼의 합당한 보상이 따르지 않자 의욕은 상실되고, 수학이나 물리학 같이 어려운 분야를 기피함에 따라 기술 발전이 더뎌지면서, 결국 소비에트 연방이 약 3세대 만에 붕괴되는 원인이 되었다. 소원을 비는 자리에서 자신도 소를 갖게 해 달라는 대신 이웃집 소를 죽여 달라고 말한 러시아 농부의 우화처럼 인간의 이기적인 마음과 질투심은 다양한 형태로 존재한다. 이기심과 질투심을 감안하지 않은 정책은 반대의 결과를 낳게 된다.

이상이 없어서도 안 되지만 이상이 지나치면 현실을 그르치게 된다. 정치인에게 요구되는 덕목은 선량함과 너그러움이 아니라 무서울 정도의 냉정함이다. 따라서 정책이 수립되고 시행되었을 때 결과가 어떻게 나타날지 논리적으로 분석할 수 있는 능력이 필요하다. 특히 복지제도는 한번 시작하면 멈출 수 없는 기관차와도 같다. 일단 시작하면 멈추기 힘들고 설사 힘들게 멈춰 세웠다고 하더라도 그 충격이 크기 때문에 제도 도입에 신중을 기해야 한다. 치밀한 고민 없이 도입된 복지제도들이 계층 간, 세대 간 반목과 갈등을 가져온다는 것을 잊지 말아야 한다. 무조건적인 평등은 집단 나태를 부르고 경쟁력을 떨어뜨려 국가를 서서히 소멸의 길로 빠지게 한다. 반대로 지나친 빈부 격차도 사회를 합리적 이성이 아닌 충동적 감성에 빠뜨려 붕괴의 길로 들어설 수 있다.

우리는 이 모두를 경계하고 국가와 민족이 앞선 경쟁력을 토대로 아무도 넘볼 수 없는 번영의 반석 위로 올라갈 수 있는 이념적 토대를 구축해야 한다. 자리를 얻기 위해 감성 몰이식 표 사냥에만 집중하는 정치꾼들의 포퓰리즘 정책들은 약자를 더욱 힘들게 하고 경제도 어렵게 할 뿐이다. 존재하지도, 존재할 수도 없는 것을 존재한다고 주장하는 포퓰리즘 정치인들을 솎아내지 못한다면 앞날의 희망을 찾기 어렵다.

월가의 탐욕인가? 주택정책의 실패인가? 2008년 금융위기의 원인

'2008년 금융위기는 월가에 있는 금융기관의 탐욕이 빚어낸 결과로 금융산업에 강력한 규제를 도입할 필요성을 일깨워준 사건이며, 금융산업을 보다 강력한 정부의 감시 아래에 두기 위해서 도드-프랭크 Dodd-Frank 법이 도입되었다.'

이것이 우리가 2008년 미국 발 금융위기와 관련하여 가지고 있는 상식이다. 이는 전 세계적으로 이론의 여지가 없는 것으로 공유되었기 때문에 2008년 금융위기 후에 성난 젊은이들이 '월가를 점령하라 Occupy Wall Street'는 구호를 외쳤을 때도 내심 통쾌함을 느끼며 아낌없는 박수를 쳐주었다.

또한 이러한 인식으로 2012년 대한민국 대통령 선거에서도 경제

민주화가 중요한 화두가 되어 후보들이 경쟁적으로 반反 대기업 성격의 공약을 앞다퉈 냈다. 이러한 대기업과 금융시장이 문제라는 인식은 결국 대기업 계열사 간의 순환출자를 금지하는 내용의 공정거래법 개정을 불러왔다. 우리 대기업들이 외국 기업 사냥꾼의 사정거리 안으로 들어가는 조치를 우리 스스로 취했던 것이다. 순환출자를 금지하는 게 마치 글로벌 스탠다드인 듯 떠들어댔지만, 사실 순환출자는 선진국에서도 허용되고 있다.

> "2008년 금융위기의 원인을 철저히 연구하는 대신에 경제의 병리 현상에 대한 좌파(민주당을 지칭)의 영원한 처방인 '보다 강력한 정부 규제'를 맞이했다."

> "붕괴의 주원인이 정부의 주택금융정책이라는 강력한 증거에도 불구하고 좌파들은 자유시장의 억제되지 못한 욕망이 주원인인 것으로 정반대의 설명을 만들어내는 데 성공했다."
>
> – 피터 월리슨

미국 재무부 법무실장과 대통령 법률 고문을 역임한 바 있는 피터 월리슨Peter J Wallison 변호사는 그의 책 《Bad History, Worse Policy》에서 미국 정부가 서민들도 자기 집을 가질 수 있도록 한다는 명제 하에 주택금융대출 요건을 지속적으로 완화함에 따라 불량 주택채권이

양산되었다는 주장을 편다. 특히 연방 정부에 소속된 주택금융기관인 페니Fannie와 프레디Freddie의 회계장부에도 이러한 불량 주택채권이 다량 존재하고 있으며, 페니-프레디야말로 미국 금융시스템 최대의 도덕적 해이임을 지적한다. 윌리슨 변호사가 헤리티지 재단에 와서 강연을 할 때, 확신에 찬 어조로 각종 통계를 제시하며 좌파 정치인과 좌파 성향 언론이 연합하여 사실을 왜곡하고 좌파 어젠다를 아무 근거도 없이 도입했다고 맹렬히 공격하는 모습이 매우 인상 깊었다.

2009년 〈타임〉지가 미국의 금융위기 책임을 가리는 온라인 투표를 실시한 결과를 보아도 소위 '우리의 상식'과는 거리가 먼 결과를 볼 수 있다. 국내의 평가로는 금융회사의 탐욕이 가져온 위기라는 게 정설이기 때문에 분노에 찬 미국인들 역시 당연히 고액의 연봉을 받은 금융회사의 CEO들을 지목했을 거라 싶지만, 조지 부시와 빌 클린턴 전 대통령이 나란히 1, 2위에 올랐기 때문이다.

또한 흥미롭게도 앨런 그린스펀Alan Greenspan FRB 의장, 필 그램Pill Gramm 상원 금융위원장, 크리스토퍼 콕스Christopher Cox SEC 위원장, 헨리 폴슨Henry Paulson 재무장관, 버나드 매도프Bernard Madoff 나스닥 회장 등의 전직 정책 당국자들이 높은 순위를 차지했는데, 이는 부실 금융사의 CEO보다 높은 순위였다. 금융위기가 금융회사의 탐욕보다 금융 · 경제 정책 기획과 감독 실패에서 비롯되었다는 인식이 일반 국민들 사이에서도 보편적이라는 사실에 우리의 사고가 얼마나 경도되었는지 느끼지 않을 수 없었다.

월리슨 변호사가 좌파 운운하며 2008년 위기의 원인이 정부 주택금융정책의 실패라고 주장하니 혼란스러울 법도 하지만, 논리적인 측면에서 흥미를 끄는 것도 사실이다.

먼저 놀라운 것은 세계 최초의 민주주의 국가이자 최고로 자본주의 시장경제가 발달한 나라인 미국에서 이념 논쟁이 끊임없이 벌어지고 있다는 것이다. 2008년에 들어서며 대한민국 정치인들은 '이념의 시대는 끝났다' 고 멋있게 선언했었는데, 정작 자본주의 종주국에서는 치열한 이념 싸움이 여전히 존재하니 어리둥절하면서도 우리가 뭔가 성급했던 것은 아닌가 하는 생각이 들 수밖에 없었다. 다음으로, 우리는 자본주의의 탐욕에 의해 금융위기가 발생한 것으로 철석같이 믿고 있었는데 미국 정부가 주택신용을 과도하게 공급함으로써 발생한 위기라니 우리가 너무 경솔하게 일부 서양 언론을 신뢰한 것이 아닌지 자괴감도 들었다. 다시 말해서 좌파 쪽으로 경도되어 있는 서양 언론의 보도를 만장일치로 합의된 진리로 속단해 버린 것이다.

여기서 기존의 인식이 틀리고 월리슨 변호사의 주장이 맞다는 결론을 내고자 하는 것은 아니다. 좌파가 틀리고 우파가 맞다는 주장을 펴는 것은 더더욱 아니다. 같은 현상을 두고 좌우가 대립하여 다른 해석과 다른 처방을 내는 미국에 대해 똑바로 알아야 한다는 것이다. 좌우가 대립하여 치열한 논쟁을 벌이고 있을 때, 어느 한쪽의 의견을 절대 진리 내지 합의된 결론으로 오해하는 일은 없어야 한다는 점을 지적하고 싶은 것이다.

즉, 좌우가 어떻게 다른지 진보와 보수가 어떻게 다른지 우리 나름대로 파악하여 결론을 내리는 것이 바람직한 방향이며, 조각난 지식을 철석같이 믿는 후진성에서 탈피해야 한다. 더욱이 그런 조각난 지식에 입각하여 성급히 규제 체계를 바꾼다면 우리의 법질서가 심각하게 훼손될 수 있기 때문에 더욱더 세심하고 냉철한 분석이 필요하다.

또한 미국 전문가를 자처하는 집단의 자성을 촉구한다. 〈월스트리트저널〉, 〈뉴스위크〉 등 몇몇 유수 언론의 기사를 읽고 소화한다고, 혹은 친한 미국 경제 전문가 몇 명과 교류한다고 전문가가 될 수는 없다. 그럼에도 얄팍한 지식만으로도 대단한 전문가인 듯 대중을 호도하며 미국 경제 전문가 행세를 하는 경우를 심심찮게 보게 된다. 소견다괴少見多怪[13]라고 좁은 견문 탓에 사안에 대한 정확한 인식 없이 통념에 안주하여 안일하게 대응하는 자는 결코 전문가라고 할 수 없다.

미국 의회, 정부, 주요 싱크탱크에서 진행되는 논의의 추이를 짚어내고 언론을 넘어선 광범위한 혜안을 갖추어야 진정한 미국 전문가이다. 어설프게 미국을 이해하는 것은 위험하기 짝이 없는 일이다. 미국은 세계를 이끄는 중심 국가이다. 중심 국가의 생각을 제대로 읽어내지 못하면 세상살이가 번거로워진다.

2008년 금융위기와 관련된 미국 내의 논의 내용과 미국 언론들의

---

13 '본 것이 적으면 신기한 일이 많다'라는 뜻으로, 견문이 좁음을 비웃는 말이다. 한(漢)나라 때의 불교 서적인 《이혹론(異惑論)》과 동진(東晉)의 갈홍(葛洪)이 지은 《포박자(抱朴子)》에서 유래되었다.

보도 내용, 한국 언론의 보도 내용과 한국 내 미국 전문가들의 반응과 연구 결과 등을 전반적으로 상세히 복기하고 어떤 왜곡과 미흡한 점이 있었는지 철저히 파악할 필요가 있다. 그래야 우리에게 무엇이 부족한지 알게 되고 부족한 점을 보완함으로써 미래를 대비할 수 있다. 그뿐 아니라 누가 진정한 전문가인지 옥석을 가릴 수도 있게 된다.

지금까지 우리는 미국을 너무 피상적으로만 파악해왔다. 미국처럼 중요한 나라를 피상적으로 파악하는 것은 개인에게 책임을 물을 사안이 아니다. 정부가 필요한 투자를 해야 한다. 인재를 육성하고 예산을 투입하여 미국을 읽는 체제를 갖추어야 한다. 해외의 경제 현상을 해석하고 처방 내용에 관해 심도 깊은 연구를 하는 두뇌 집단을 정부 내에 두어야 한다. 그리고 편향된 시각으로 오해할 만한 소지를 일반적인 합의를 통해 원천적으로 제거하는 제도적 장치를 마련하는 방안도 균형 잡힌 시각을 갖는 데 많은 도움이 될 것이다. 하루라도 빨리 미국을 제대로 보는 눈을 갖추어야 한다. 그래야 대한민국호가 국제 무대에서 순항해나갈 수 있을 것이다.

점령Takeover: 제도 안의 운동권

2016년 미국 대통령 선거를 앞두고 그 어느 때보다도 이념에 대한 논쟁이 치열하게 벌어지고 있다. 공화당 인사들은 민주당을 좌파Left로 지칭하며 공격하고 있는데, 미국 헌법이 자유기업제도를 신봉하는 상황에서 좌파가 존재할 수 있는 것인가? 민주당은 자본주의를 실천하되 시장의 패자Loser들을 연방 정부가 나서서 보호해야 한다는 생각을 갖고 있는 진보주의자들이라고 이해하고 있었는데 좌파로 지칭하니 무척 혼란스럽다.

한번은 오바마 대통령이 직접 나서서 이에 대해 해명 아닌 해명을 한 적이 있다.

"나에게 사회주의자라고 하는데, 나는 사회주의자가 아니다."

오바마 케어Obama Care를 두고 미국의 국론이 양분되어 격론을 벌일 때, 오바마 케어는 미국을 유럽식 사회주의 국가로 만드는 나쁜 제도라는 비판과 함께 지역사회 운동가 출신인 오바마 대통령을 사회주의자로 몰아붙이는 사람들이 있었기 때문이다. 미국 민주당과 사회주의는 쉽게 연결하기 어려운 관계인데, 실제로 일부 학자들은 미국 민주당이 사회주의 좌파 세력에 의해 점거되어 있다고 주장하고 있다.

처음에 이 주장을 접했을 때는 조금 과하다는 인상을 받으며, 공화당과 민주당의 감정의 골이 의외로 깊다고 생각하는 데서 그쳤다. 그러나 최근 2016년 미국 대선을 위한 민주당 경선을 지켜보면서 생각이 달라졌다. 민주당 경선에 참여한 무소속의 버몬트 주 연방 상원의원 버니 샌더스가 스스로 사회주의자라고 말하기 때문이었다. 어떻게 자타가 공인하는 사회주의자가 미합중국의 민주당 대통령 후보가 될 수 있을까? 만약 그가 후보가 된다면 미국 민주당은 우리가 생각하는 자본주의 정당이 아니라는 명백한 증거이기 때문이다.

미국에는 실제로 사회당이 있다. 그리고 이들은 민주당 전당대회 때 개인 옵서버 자격으로 초청되기도 한다. 공식적인 연계 관계는 없지만 비공식적으로는 연계되어 있다는 것이다. 어쨌든 버니 샌더스 상원의원이 민주당 대통령 후보 경선에 나섰다는 것은 민주당이 사회주의자들에 의해 장악되었다는 일부의 주장이 사실일 수도 있다는 가능성을 확인해준 것이라 할 수 있다.

진보주의가 사회주의화되고 있다는 분석도 있다. 도널드 크리츠로

우Donald T. Critchlow와 윌리엄 로라보W. J. Rorabaugh가 공동 저술한 《Takeover》(2012)는 좌파의 사회 정의Social Justice 추구 노력이 진보주의를 타락시켰다고 주장하며, 좌파들이 민주당을 점령해 윌슨Woodrow Wilson 28대 미국 대통령이 정립한 진보주의Progressivism의 연장선상을 벗어나 미국을 사회주의 국가로 바꾸려는 과격한 목표를 실행에 옮기고 있다고 역설하고 있다. 미국 정치사를 전공한 두 원로 교수는 과거의 진보주의Progressivism는 산업 자본주의의 병리 현상을 치유하는 데 관심을 쏟을 뿐 자본주의 자체의 해체를 시도하지는 않았는데, 오늘날 진보주의Liberalism의 어젠다들은 미국 국민 생활의 모든 부분을 정부가 통제하려고 한다는 것이다.

두 교수는 이들을 '신좌파New Left'라고 정의하며, 이들이 사회 정의를 내세우며 미국의 기업 질서를 공격하고 있다고 지적한다. 원래 길거리 운동권Street Activists이었던 신좌파들이 미국 사회를 변화시키기 위한 새로운 전략을 채택했는데, 과거처럼 체제에 반대하는 투쟁 방식이 아닌 체제 안에서의 활동을 통해 변화를 추구한다는 것이다. 변호사가 되고, 교수가 되고, 신문기자가 되고, 소비자 운동가가 되고, 노조 지도자가 되고, 정치인이 되면서 신좌파의 가치를 전파하는 변신을 꾀했다는 것이다.

두 교수는 신좌파들이 미국 사회의 많은 분야를 지능적으로 식민지화하였으며 두 가지의 의미 있는 업적을 달성했다고 주장한다. 첫째가 1968년 미국 대선에서의 대통령 후보 지명을 위한 대의원 선출

방식 변화이다. 평화주의자, 여성운동가, 환경운동가, 지역사회 운동가, 동성애 옹호론자, 소수민족 지도자 등을 대의원에 포함하도록 함으로써 좌파 운동권 인사들에게 힘을 실어줬다는 것이다. 둘째는 공익법Public interest law이라는 새로운 법률 분야의 창출인데, 이를 통해 소비자 보호, 환경 보호를 내세워 자유기업체제를 허물어뜨리려는 시도를 하고 있다는 것이다. 특히 소액 주주의 권리를 보호한다는 명분으로 기업 지배구조의 근간을 위협하고 있다고 주장한다.

또한 그들은 법원도 신좌파의 가치를 전파하는 도구로 사용되고 있다고 주장한다. '사회 정의' 라는 애매하지만 내놓고 반박하기도 쉽지 않은 슬로건과 약자를 보호한다는 명분을 앞세워 미국인의 생활에 지대한 영향을 미치는 여러 분야에서 활약하고 있다는 것이다. 시스템을 부정하는 게 아니라 시스템의 일원으로서 좌파의 어젠다를 구현해나가고 있기 때문에 그들의 숨어 있는 목표, 즉 '자본주의를 해체하고 국가가 국민 생활의 구석구석을 통제하는 사회주의 국가의 실현' 은 일반 국민들이 눈치 채기도 어렵고 대책을 마련하기도 쉽지 않다고 토로한다.

사뮤엘 그레그Samuel Gregg 역시 그의 저서 《Becoming Europe》에서 미국이 유럽식 사회주의로 가는 추세에 있다고 경고한다. 그는 유럽식 사회주의가 실패했음에도 불구하고 역사에서 유례를 찾기 힘든 미국 경제 성공의 밑거름이 되었던 문화적 토양이 쉽게 되돌릴 수 없는 방식으로 훼손되는 불길한 조짐이 있다고 주의를 환기시키는데,

그의 관점은 《Takeover》보다는 온건하고 유럽의 실패 경험이 유럽화 추세에 대한 타산지석proverbial canary in the coal mine 역할을 할 것이라는 입장이다. 크리츠로우와 로라보 교수의 주장을 소개하는 이유는 우리나라의 좌파들도 이미 같은 행동지침을 우리 사회 시스템의 중요한 위치에 침투시켜 본색을 숨기고 암약하는 경우가 상당하지 않을까 하는 의문을 일부 보수 논객들이 제기한 적이 있기 때문이다.

한때 국내 영화산업의 좌경화 문제가 논의된 적이 있다. 영화산업을 장악한 좌파 지식인들이 대중 매체인 영화를 통해 좌파를 미화하고 있다는 주장이었다. 대표적인 사례가 '웰컴 투 동막골', '실미도', '태극기 휘날리며' 등이었는데, 이들 영화가 북한군을 우호적으로 그린 반면 한국군과 미군을 겁쟁이나 비열한 인간형으로 묘사해 왼쪽으로 치우친 편집 의도가 보인다는 비판이었다. 이명박 정부가 '공정사회'를 기치로 내건 것도 좋게 보면 우파가 좌파의 어젠다를 포용한 것이지만, 반대로 생각하면 좌파가 우파를 조종해 좌파 어젠다를 실현한 것으로 해석할 수도 있는 것이다. 보수 정당의 일부 의원들이 주장한 사회적 시장경제라는 개념도 좋게 보면, 아니 좌파 식으로 해석하면 양심적인 보수 세력이 전비前非를 뉘우치고 좌파 어젠다를 품은 것이라고, 즉 합리적인 진보 세력과 연합한 것이라고 할 수 있지만, 따지고 보면 뭐가 뭔지도 제대로 모르는 얼치기 보수 세력이 좌파의 회유에 넘어간 것이라고 볼 수도 있는 것이다.

앞서도 언급했지만 보수, 진보는 도덕적 판단의 대상이 아니며 '보수는 기본적으로 나쁘고, 진보는 기본적으로 좋다' 는 진영 논리적 고정관념도 잘못된 것이다. 보수, 진보는 냉정하게 따지면 그 자체로 이념이 아니다. 이념을 해석하고 실천하는 방식의 차이로 구분되는 개념일 뿐이다. 보통 '보수=우파', '진보=좌파' 라고 맹목적으로 잘못 분류하는데 우파도 보수우파, 진보우파로 나뉘고, 좌파도 보수좌파, 진보좌파로 나뉠 수 있다.

프리드리히 하이에크Friedrich Hayek 교수의 사회주의 비판서 《노예로의 길Road to Serfdom》(1944)을 보면 'Conservative Socialism' 이라는 용어가 나온다. 우리말로 '보수적 사회주의' 라고 해석되는데 우리가 통상 분류하는 보수 · 진보 개념에서 살피면 생뚱맞게 보이는 것이 사실이다. 보수는 이념을 교조주의적으로 해석해 현실 적용에 유연함을 최소화하는 것이고, 진보는 이념을 넓게 해석해 최대한의 유연함을 발휘하는 것이다.

이념은 재화와 용역을 생산하고 분배하는 방식에 관한 것이라 사실 경제학자들의 영역에 머물러 있어야 했는데, 정치학자들에 의해 지나치게 현학적이 되면서 뒤죽박죽이 되어 버렸다. 결국 애매모호한 개념이 되고 언어의 유희만 난무하게 되었다. 이제 이념을 경제학자들의 손에 다시 넘길 때가 되었다. 정치한다는 사람이 탈이념을 표명하는 것은 정치를 하지 않겠다는 것과 똑같은 말이다. 생산하고 분배하는 과정에서 사회 구성원들의 만족도를 높이는 것이 정치의 궁극적 목표인데 생산 · 분배의 원칙을 논하는 이념이 없는 정당이 어디에 있을 수 있는가? 정치학자들의 얼치기 언어 잔치가 본질을 멀리 날려 보낸 것이다.

좌가 옳든 우가 옳든 간에 열린 토론을 통해 공개된 어젠다를 갖고 국민에게 다가가야지 숨겨진 어젠다를 감성적인 슬로건으로 포장해 국민이 수용하도록 하는 것은 정도正道가 아니다. 과거와 같이 좌우의 대립이 피를 불러서도 안 되지만, 과거의 어두운 역사에 얽매여 좌우 이념 논쟁을 터부시하는 것도 잘못된 생각이다. 특히 흑백 논리에 빠져 '좌파=빨갱이' 라고 매도하는 것은 성숙한 시민사회의 모습이 아니다. 즉, 좌파를 타도나 린치의 대상으로 간주하는 극단적인 사고방식이 더 이상 통용되어서는 안 된다.

생각의 자유를 인정하고, 생각을 솔직하게 표현하고, 토론을 거쳐 사회 전체가 추구할 가치를 정하는 것이 성숙한 민주주의의 향기다. 다만, 계급 혁명이라는 폭력적 수단에 의존하여 좌파 이념을 실현하고자 하는 공산주의는 분명한 위헌이다. 사회주의라 해도 사유 재산을 인정하는 유럽식 사회주의여야지 사유 재산을 부정하는 사회주의의 원형이어서는 안 된다.

소수이기 때문에 생각을 숨기고 꼼수로 다수를 이기려고 한다면, 즉 수단이 목표에 의해 합리화될 수 있다고 생각한다면, 스스로 지나친 우월감에 사로잡혀 있는 것은 아닌지 자문자답할 필요가 있다. 나한테 맡겨주면 척척 알아서 해결할 수 있다고 생각하는 순간 이미 민주주의를 부정하고 있는 자신을 인식해야 한다. 만약 이 땅에도 숨어서 좌파 어젠다 구현을 추진하는 좌파들이 있다면, 지금이라도 당장 커밍아웃해서 "나는 이러이러해서 좌파 어젠다를 신봉한다"고 당당히 선언해야 한다.

이념 어젠다를 편식하는 한국

2013년 박근혜 정부가 들어서면서 법무부가 경제민주화 추진의 일환으로 상법 개정안을 발표했다. 그리고 거센 반발에 직면했다. 소액주주의 권리를 지나치게 강화한 나머지 기업 경영이 어려울 정도가 되었기 때문이다. 그야말로 꼬리가 몸통을 흔드는 모양새였다. 왜 이런 상황이 초래되었을까? 소위 내로라하는 상법학자들과 법무부의 엘리트 검사들이 참여했는데도 말이다.

여기에는 '소액 주주를 보호하고 권익을 강화하는 것은 옳은 일이다' 라는 굳은 믿음이 자리한다. 사실 그동안 우리는 소액 주주운동이 시대의 대세라고 이해해왔다. 선진국에서도 소액 주주운동이 보편적인 진리로 받아들여지고 있는 줄로만 알았고, 정부도 그런 방식으로 홍보한 게 사실이다. 필자도 미국의 싱크탱크에 근무하기 전에는 그러한 인식을 갖고 있었음을 부정할 수 없다.

그러나 실제 미국에서는 소액 주주운동과 관련해 두 가지 상반된 입장이 대립하고 있다. 진보주의자들은 약자 보호 차원에서 소액 주주 보호운동을 적극 옹호하지만, 보수주의자들은 소액이라도 주식에 투자할 여유가 있는 사람이 왜 약자로 분류되는지 의문을 제기한다. 그러면서 소액 주주 보호운동은 자유기업제도의 근간을 흔들기 위한 좌파의 숨겨진 어젠다일 뿐이라고 일축한다. 자기가 투자한 만큼 목소리를 내는 것이 맞지, 왜 투자한 금액보다 큰 목소리를 내는 게 당연한 것처럼 받아들여지느냐는 항변이다.

보수주의자들은 여기에서 한 걸음 더 나가 소비자 보호운동, 환경 보호운동도 외관상의 명분과 달리 지나치게 기업 활동을 제약하는 쪽으로 움직이고 있다고 주장한다. 특히 좌파 인사들이 주도하고 있어 명분에 관계없이 자유기업제도에 기반한 자본주의를 무너뜨리기 위해 악용되고 있다고 비판의 날을 세운다. 실제로 집단소송을 통해 한몫 잡으려는 변호사들이 일거리를 위한 일거리를 만들기 위해 기업 활동을 옥죄는 경우도 많아 소비자 보호운동을 바람직한 방향으로 발전시키기 위한 노력이 필요해 보이는 것도 부인하기 어려운 게 사실이다.

환경 보호운동도 같은 맥락에서 보면 지나칠 경우 오히려 기업의 정상적인 활동을 제약하고 경제 성장을 늦추는 부작용을 초래할 수 있다. 천성산 도롱뇽 사례에서 보듯이 중요성과 비례의 원칙을 무시한 일방적인 주장이 불필요한 논쟁과 비용을 유발한다는 사실을 우리는 익히 잘 알고 있다.

앞서 언급했듯이 서브프라임 증권에서 비롯된 리먼 브라더스 사태가 월가의 탐욕 때문이 아니라 미국의 주택정책이 포퓰리즘으로 흘렀기 때문이라는 주장이 통계 수치에 의해 논리적으로 뒷받침되기도 했다. 그러나 우리는 리먼 브라더스 사태가 월가의 탐욕 때문이라는 주장을 숙고 없이 받아들여 무비판적인 상식으로 만들고, '월가를 점령하라' 는 구호에도 박수를 보낸 바 있다. 따라서 보수주의의 관점이 옳은지 진보주의의 관점이 옳은지 토론하기 전에 서양의 지식과 연구성과를 무분별하게 도입하는 자세를 먼저 돌아보아야 한다.

우리는 정작 본국에서는 비판의 대상이 되는, 적어도 만장일치의 절대 진리가 아닌 좌파 어젠다를 마치 누구나 찬성하는 최고의 선인 양 받아들이는 경솔함을 범했다. 그런 점에서 좌파 지식인들의 의도적인 왜곡이 도입 과정에서 있었는지의 여부를 떠나 소위 우파를 표방하는 지식인들이 게으름을 피우고 공부를 덜했다는 비난을 피하기는 어려워 보인다.

법무부 상법 개정안 파동의 중심에도 우파 지식인의 나태함이 존재하고 있다. 좌파 지식인들을 비판할 게 아니다. 우파 지식인들의 혁신이 필요하다. 이제 우리는 좌파 어젠다 편식 현상을 시정해야 한다. 우파 어젠다가 옳다고 주장하고자 하는 게 아니다. 적어도 논의를 위한 기초는 제대로 닦아 놓아야 한다고 믿기 때문이다. 특정 어젠다에 대해 선진국의 보수주의자와 진보주의자가 어떻게 다른 견해를 갖고 있는지 정확히 알아야 우리 스스로 토론을 통해 입장을 제대로 정할 수 있는 것이다. 좌파의 입맛대로 가공된 어젠다가 논란의 여지가 없는 진리인 양 포장되는 것은 건강한 지식 생태계를 구축하는 데 결코 도움이 되지 못한다.

보수가 좌클릭하는 것이 진보적 관점에 대한 열등감의 발로인지 이해력의 부족 탓인지 판단이 서지 않는 경우가 많다. 토마 피케티Thomas Piketty 교수의 《21세기 자본Capital in the Twenty-First Century》이 한국에 상륙했을 때 보여준 보수 정당의 태도는 자못 실망스러웠다. 피케티 교수의 주장대로 빈부 격차가 경제 운용에 큰 부담이 되는 것은 사실이다. 그러나 빈부 격차가 발생한 원인에 대한 피케티 교수의 설명과 정책 처방은 허점이 많아 서구 학자들 사이에서도 반론이 거셌다. 그런데도 우리나라에서는 지식도 이념도 감 잡아 움직이는 유행에 불과해 보였기 때문이다.

이제 우리나라도 학문적 독립성을 확립해야 한다. 서양 언론에 나온 편향된 관점을 진리인 양 소개하며 깨어 있는 지성인 양 할 게 아니다. 장님이 남의 말만 듣고 지레짐작하는 구반문촉毆槃捫燭의 우를 범해서는 안 된다. 사물의 단편적인 부분만을 인식해 실체와 진실을 바로보지 못하는 맹목적인 확신, 어설픈 판단, 불확실한 추정은 경계의 대상이 되어야 한다. 보다 심도 있는 관찰과 분석을 통해 서양의 토론 과정을 지켜보면서 내부의 토론을 거쳐 우리의 입장을 정하는 신중함과 성숙함을 보여야 한다.

정부의 정책이 서양 언론에 소개된 한 쪼가리 지식에 의해 좌지우지된다면 세계 10위 경제 대국의 위상에 걸맞지 않는다. 국내 언론도 같은 관점에서 서양 언론에 난 기사를 그대로 옮기는 데 급급해하지 말고 좀 더 깊이 들어가는 심층 취재를 통해 균형 잡힌 시각이나 정제된 어젠다를 국민에게 공급하는 기능을 강화해나가야 한다.

미국을 잘못 베끼는 한국

국회에서 벌어지고 있는 일들을 보면 석연치도 마뜩치도 않다. 아무리 '남귤북지南橘北枳[14]'라지만 해도 해도 너무하다는 생각이다. 미국의 합리적인 제도를 한국 땅에서 전혀 다른 종류의 '괴물'로 만들어 버렸으니 말이다. 바로 국회선진화법과 인사청문회제도를 말하고자 함이다. 이름이 번듯하니 국회선진화법의 실체를 잘 모르는 국민들 중에는 뭔가 좋은 법이라는 선입견을 가진 경우도 생각보다 많다. 또한 인사청문회를 통한 인사 검증이 합리적이라고 막연히 생각하는 경우도 자주 보게 된다. 그러나 과연 그런 것일까?

---

14 남쪽 땅의 귤나무를 북쪽에 옮겨 심으면 탱자나무로 변한다.

필자는 2012년 정기 국회에서 국회선진화법이 통과되는 장면을 워싱턴에서 지켜보면서 뭔가 잘못되어도 크게 잘못되었다고 생각했다. 그래서 필자가 원장으로 있던 동국정경연구원의 기관지인 〈동국정경춘추〉 2013.7월호에 국회선진화법의 문제점을 지적하기도 했다. 국회선진화법의 핵심은 재적의원의 60퍼센트가 찬성해야 법안을 의결할 수 있다는 것이다. 그러므로 여당이 과반수를 차지해도 재적의원의 60퍼센트에 못 미치는 경우 사사건건 야당의 허가를 받아야만 입법 활동이 가능하다. 이는 다수결을 원칙으로 하는 민주주의 의사결정 방식에도 위배될뿐더러, 국회 위주로 모든 게 돌아가게 돼 우리의 대통령중심제와도 맞지 않는 잘못된 법이다.

대체 이런 괴물이 탄생한 배경은 무엇일까? 결국 국회의 이기주의라고 할 수밖에 없다. 국회선진화법이 미국 의회의 합의 정신을 전수받았다는 말을 들여다보니 미국 상원의 필리버스터 방지 조항을 잘못 이해한 것이었다. 미국 상원은 필리버스터를 통해 입법에 어깃장을 놓는 소수당의 횡포를 막기 위하여 60퍼센트 이상의 의원 찬성으로 필리버스터를 원천 봉쇄할 수 있도록 한 것인데, 이것이 의결 정족수로 둔갑한 것이다. 어처구니없는 일이 아닐 수 없다.

국회선진화법은 하루라도 빨리 폐지되는 게 국민을 위하는 길이다. 여야를 떠나 국회의원이 엄청난 영향력을 행사하는 세상이 되었지만, 국민과 경제를 위한 경제 활성화 법안들은 19대 국회(2012.5~2016.5) 활동 기간 내내 행정부가 제출한 원안이 변질되어 늑장 통과되거나 자동 폐기됐다. 국회선진화법은 '국회의, 국회에 의한, 국회를 위한 법'이다. 국민은 안중에도 없다.

인사청문회 역시 미국의 특수성에 기인하는 제도이다. 미국은 건국 당시 13개 주가 연합한 연방 국가 United States 로 각 주마다 국방, 화폐, 외교를 제외한 모든 분야에서 제각기 독립된 통치권을 유지하고 있었기 때문에 연방 대통령의 인사권 전횡을 주 정부가 견제하기 위한 목적으로 인사청문회를 도입했다. 미국의 인사청문회가 대상 공직의 범위가 넓고, 각 주의 대표 2인씩 참여하는 상원에서 열리는 이유도 이 때문이다. 그런데 연방 국가인 미국이 연방을 제대로 운영하기 위해 도입한 제도를 우리가 우격다짐으로 따라 하다 보니 몸에 맞지도 않는 옷을 입고 허우적거리게 된 것이다.

더욱이 도덕성과 능력 검증이라는 제도의 취지와 달리 필요에 따라 판정의 잣대가 들쭉날쭉할 뿐 아니라 '아니면 말고' 식의 근거 없는 폭로, 인신공격이 난무한다. 개각이 있을 때마다 낙마하는 사람들이 속출하고 겨우 청문회를 통과하더라도 만신창이가 되어 도덕성에 큰 흠집이 나는 경우가 비일비재하니 장관 직무에 대한 국민의 존경심은 사라지고 정부에 대한 냉소와 불신이 커지는 부작용을 낳았다. 게다가 국회의원들은 동업자 의식을 발휘해 동료 국회의원이 장관 후보에 임명되는 경우에는 적당히 봐주는 공정하지 못한 태도를 보인다. 지금까지 국회의원이 장관 후보에 나와서 낙마한 경우는 단 한 차례도 없었다. 국회의원의 도덕성이 높아서 그런 결과가 나왔다면 국민과 함께 축하하고 기뻐할 일이겠지만, 아쉽게도 국회의원을 바라보는 국민들의 시선은 싸늘할 뿐이다.

이런 식이라면 능력과 명망을 갖춘 인사가 굳이 장관직 제의를 수락할 이유가 없어진다. 당사자뿐만 아니라 가족의 사생활까지 시시콜콜 트집을 잡는데다가 어렵게 청문회를 통과하더라도 대통령이 만기친람萬機親覽하는 경우 장관이 소신을 가지고 능력을 발휘할 여지가 크게 줄어든다. 뿐만 아니라 국회선진화법 때문에 정책을 위한 법안 제·개정이 어려워져 장관의 주요 업무가 국회의원을 찾아 입법을 애걸하는 것이 된다면 능력과 명망을 갖춘 인물들이 정부에 들어올 이유가 더더욱 없게 된다. 게다가 이임 후 3년 동안 취업 제한을 엄격하게 받게 되는 추가 부담까지 있으니 인재 등용이 더욱 어려워지는 것이다.

국회선진화법과 인사청문회제도는 대통령중심제라는 헌법의 기본질서를 무시하는 위헌적 성격이 짙다. 특히 국회의원 직위를 국민의 충실한 대표가 아닌 무소불위의 권력자로 만드는 괴물인 제도이다. 대통령과 국회가 국회선진화법과 인사청문회를 이대로 방치하는 것은 헌법을 수호할 책무를 저버리는 행위라 할 수 있다. 따라서 의식이 있는 정치인이라면 이러한 기형적인 행태를 당장 멈춰야 한다.

국회는 국회선진화법 도입에 대한 책임을 통감하고 법이 하루빨리 폐지되도록 최선을 다해야 한다. 뿐만 아니라 스스로 자신들의 권한과 기능을 확대하는 행위를 사전事前 견제하는 장치를 마련해야 한다.

국회의 권한 및 기능과 관련된 법률의 제·개정안을 심사하는 특별위원회를 국회 외부에 두고 심사 결과를 토대로 국회에 법률 폐지 내지 개정 권고하고, 받아들여지지 않으면 헌법재판소에 위헌 심판을 일괄 청구하는 방안을 적극 검토해야 한다.

인사청문회제도는 공론화 과정을 통해 폐지하는 것이 정답이다. 전 세계에 존재하는 각종 인사청문회제도의 도입 배경과 운용 현황에 관한 광범위한 조사를 바탕으로 공론화 과정을 가져야 한다. 만약 폐지가 어렵다면 차선책으로 운영 방식을 정형화하는 방안도 고려할 수 있다. 여러 사람들이 이미 제안했듯이 청문회를 2부로 나누어 1부는 공개청문회로서 후보자의 정책 역량을 시험해 국민들도 장관 후보자가 훌륭한 정책을 수립하고 추진할 지식과 경험, 판단력을 가지고 있는지 알아볼 수 있도록 하는 것이다. 2부는 도덕성 청문회로서 비공개로 진행하고 청문회 과정에서 파악된 위법 사항과 범죄 행위에 대해서만 사후에 공개하는 방식을 취하는 것이다.

이제 국회는 스스로 집단 이기주의에서 벗어나야 한다. 국회를 향한 국민의 애정과 존경이 완전히 사라지기 전에 진정한 민의의 전당으로 돌아가야 한다. 그것이 책임 정치이고 민주 정치이다.

대우조선 분식회계 사건으로 인해 재조명되고 있는 외부감사 자유수임제도도 미국을 잘못 베낀 사례이다. 소유와 경영이 분리되어 있고, 이사회Board와 경영자CEO가 서로 독립되어 있는 미국에서 적용하고 있는 자유수임제도는 이사회에서 외부감사를 맡을 회계사를 선정하도록 되어 있다. 그러나 소유와 경영이 분리되어 있지 않은 한국에서 경영자가 선정하는 이사회에서 회계사를 정하면 이해 상충관계Conflict of Interests가 생길 수밖에 없다. 제도 형성Institution Building을 할 때 지켜야 할 기본 원칙부터 어기는 셈이다.

이렇게 1983년 잘못 도입한 자유수임제도가 30년 동안 운영된 결과가 대우조선 분식회계 사건인 것이다. 자유수임제도로 인해 공인회계사가 기업의 선임 권한에 종속되어 회계감사가 제대로 이루어지지 못하는 결과를 낳음으로써 한국 경제의 잠재 성장 능력이 크게 떨어진 것으로 보인다. 창업한 뒤 중견기업으로 발전하는 과정에서 가장 절실히 필요로 하는 것은 금융자원이다. 은행 대출도 받아야 하고 수출 보험도 받아야 하고, CP, 회사채도 발행해야 하기 때문이다. 이때 금융기관 책임자나 투자자의 판단 기준은 회계감사 보고서인데, 회계감사가 올바로 이루어지지 않으면 금융자원이 상대적으로 불량한 기업에 흘러감으로써 전체 경제의 자원 배분이 왜곡되고 생산 능력이 떨어질 수밖에 없다. 즉, 자유수임제도를 원점부터 재검토하여 올바른 방향으로 개혁하는 것이 한국 경제를 바로 세우고 성장 잠재력을 확충하는 길이다.

녹색에너지 투자 어떻게 바라봐야 할까?

리안 욘크Ryan M. Yonk 등이 공동 저술한 《녹색 대 녹색Green Vs. Green》(2012)은 지구 온난화 방지라는 환경운동의 일환으로 추진되고 있는 녹색에너지Green Energy 생산이 다른 그룹의 환경운동에 의해 저지되는 모순에 대해 얘기하고 있다.

실제로 많은 개발도상국에서 수력 발전을 위한 댐을 건설할 때, 생태계 변화로 인한 동식물의 생존 위협 때문에 댐 건설이 중단되곤 한다. 우리나라에서 동강댐 건설 계획이 무산된 이유도 댐이 건설되면 동강에 서식하는 동식물이 사라질 우려가 있다는 환경보호 단체의 거센 저항 때문이었다. 즉, 생물학적 다양성Bio-Diversity 침해 여부가 대규모 프로젝트를 수립하고 시행하는 데 있어 중요한 고려 사항이 된 것이다.

이처럼 환경보호 운동이 다른 분야의 환경보호 운동에 의해 좌절되는 모순을 저자들은 '녹색 대 녹색'의 투쟁이라고 표현한다. 저자들은 책에서 미국의 경우 사막에 태양광 패널을 설치하려고 하면 갑자기 사막에 서식하는 동물을 보호하는 단체가 나타나 설치를 저지하고 나선다고 말한다. 풍력 발전을 위한 터빈을 설치하려고 하면 철새 이동 경로에 포함된 풍력 터빈 날개에 철새가 다치게 되면 종족 보존이 어려울 수 있다고 주장하는 조류 보호단체가 나타나고, 터빈이 돌아가는 소음에 목장의 암소들이 스트레스를 받아 임신을 못하고 임신이 되어도 유산하는 사례가 늘어난다는 주장도 제기된다는 것이다.

환경보호 운동의 일환으로 추진되는 녹색에너지 또는 신재생에너지 생산이 또 다른 환경보호 운동에 의해 저지되는 이런 상황은 우리에게 두 가지 중요한 과제를 제시한다. 그러잖아도 셰일가스, 셰일오일과 같은 새로운 에너지원이 개발되면서 석유 가격이 떨어져 녹색에너지산업의 채산성이 악화되고 있는데, 환경보호 단체의 반대까지 겹친다면 산업의 미래가 밝지 않기 때문에 산업을 어떻게 발전시킬지 청사진을 마련할 과제가 대두되는 것이다. 국가나 지방자치단체의 보조금에 의존하는 비즈니스 모델은 지속 가능성에 한계가 있기 때문이다.

그렇다면 지구 온난화를 막기 위해 화석에너지 소비를 줄이는 방안은 결국 원자력 발전이라는 결론에 도달하게 된다. 원자력 발전을 활성화시키기 위한 장기적인 계획을 마련해야 하는 과제가 생기게 되는 것이다. 그러나 현재 우리나라의 경우만 보아도 삼척, 영덕에 새로운 원자력 발전소를 건설하는 과정에서 많은 마찰을 겪고 있다. 따라서 원자력 발전소의 안전 문제에 대해 지역 주민들과 공감할 수 있는 방안을 마련해야 한다. 또한 CO^2 배출 규제에 따라 원자력 발전소 건설 수요가 세계적으로 크게 늘어날 가능성에 대비하여 한국형 원자력 발전소를 수출하기 위한 국가적 노력이 요구된다.

녹색에너지의 앞날은 결코 순탄치 않아 보인다. 물론 언젠가는 화석연료가 고갈되는 날이 올 것이다. 그러나 그 시기가 너무 멀다면 현재 이루어지는 대규모 녹색에너지산업 투자는 채산성 악화로 결국 관련 기업들의 생존이 위협받게 될 수밖에 없다. 녹색에너지 관련 투자에 신중을 기하고 장기적인 관점에서 연구개발을 통해 기술 수준을 꾸준히 향상시키며 때를 기다리는 지혜가 필요한 것이다. 다시 말해서 녹색에너지는 투자 중심에서 연구 개발 중심으로 옮겨가야 한다.

이런 점에서 《녹색 대 녹색》은 우리나라 에너지산업의 미래 청사진을 마련하는 데 좋은 참고가 될 수 있을 것이다. 또한 신재생에너지 관련 산업에 관심을 갖고 투자한 기업들이 관련 시장의 미래를 가늠하는 데도 큰 도움이 될 것이다.

정부와 기업이 협력하는 미국을 벤치마킹하라

미국은 자본주의가 가장 발달한 나라이자 민간 부문의 자율성이 존중되는 나라이다. 그러나 민간 기업과 정부의 협력 측면에서 살펴보면, 정보 공유와 문제 해결에 있어 양측은 우리의 일반적인 추측보다 훨씬 더 밀접한 관계를 유지하고 있다.

미국 기업들은 미지의 국가로 진출할 때 정부를 앞세운다. USTR(미국 무역대표부)이 나서서 상대국의 시장을 개방하고 외국인 투자가 보호되도록 법과 제도를 바꾸게 노력하는 것이다. USTR의 협상 과정에서 미국 기업들의 시장조사 결과가 공유되는 것은 물론이다. 이렇게 되면 미국 기업이 타국에 진출해서 곤란을 겪거나 험한 꼴을 당하는 일을 막을 수 있게 된다.

이에 반해서 한국 기업들은 일단 진출해 부딪치는 전략을 구사하는 경우가 많다. 상대국의 법과 제도를 고치려는 노력보다는 권력층과 끈을 대고 투자 안전을 확보하려 한다. 이러다 보니 어느 날 갑자기 사업체를 송두리째 빼앗기고 야반도주를 하거나 범법자로 몰리는 경우가 심심치 않게 일어난다. 특히 해외투자 자유화 이후에는 정부가 특별히 통제할 수단도 마땅치 않아 알려진 것보다 훨씬 더 많은 실패 사례가 있을 것으로 판단된다.

우리 기업들이 정부와 긴밀한 협력체계를 구축하지 못하는 이유는 정부와 기업 모두에 책임이 있다. 우선 정부의 지원체계가 미온적이다. 특히 담당 공무원의 보직이 자주 바뀌다 보니 처음 말꼬를 튼 전임자가 상황을 이해할 때쯤 되면 담당이 바뀌어 처음부터 다시 시작된다. 일이 진전되기보다 오히려 방해가 되는 경우가 허다한 것이다. 그러니 정부와 함께 일하기보다는 상대국의 권력층에 시간을 쏟게 될 수밖에 없다.

기업 측에도 문제가 많다. 조급증에서 벗어나지 못하는 경우가 많은데, 다른 기업이 달려들기 전에 빨리 선점해야 한다는 강박관념이 강해 투자 환경을 먼저 정비하는 것을 소홀히 하게 되는 것이다.

정부나 기업 모두 규제 완화, 자유화의 의미를 제대로 이해하지 못하고 있는 것도 문제다. 규제 완화와 자유화는 무조건적인 방임을 의미하는 것이 아니다. 따라서 무분별하고 위험한 해외투자를 걸러줄 기본 장치를 보다 세밀하게 만들 필요가 있다. 기업도 규제가 없다고 해서 정부와 더는 별 볼일 없다는 식의 경솔한 사고방식에서 벗어나야 한다.

정부와 기업이 힘을 모으면 해외에서 할 일이 많다. 정부는 마치 해병대처럼 난관을 없애고 교두보를 확보하는 역할을 해야 한다. 기업은 해병대가 확보한 교두보로 진출하는 보병 부대로 비유할 수 있다. 정부와 기업이 힘을 합해 미리미리 투자 대상 국가와 교섭해 시장 개방, 투자 보호 장치를 마련다면 그 결과가 좋을 것은 자명한 일일 것이다.

필자가 지식경제부 장관 시절에 미국의 고위 관리를 만났더니 한국 정부 산하 기업의 구매 입찰 과정에서 미국 기업이 탈락한 문제를 거론해 적지 않게 놀란 적이 있다. 미국 기업들과 미국 정부가 긴밀하게 대화하고 서로 협력한다는 인상을 강하게 받았던 것이다. 미국과 같은 1등 국가도 기업과 정부가 힘을 모으는데 10등을 겨우 유지할까 말까 하는 한국에서는 정부와 기업 간의 거리가 너무 멀게만 느껴진다. 이것은 크게 잘못된 일이다. 정부와 기업 간 줄탁동시啐啄同時[15]의 협력체계에 대해 심각히 고민해야 할 때이다.

---

15 어미 닭이 밖에서 쪼고 병아리가 안에서 쪼아야 알을 깨뜨릴 수 있다는 뜻이다.

7
장

변화를 위한 제언

싱크탱크의 활성화가 필요하다[16]

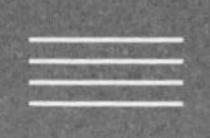

워싱턴에는 수많은 싱크탱크가 존재한다. 공화당 계열의 보수주의를 표방하는 싱크탱크도 있고, 민주당 계열의 진보주의 색채를 띤 싱크탱크도 있다. 싱크탱크는 지속적으로 다양한 현안에 대한 입장을 발표하며 국회 청문회에서 전문가로서의 견해를 밝히기도 한다. 의원들과의 의사소통을 통해 입법 활동에 영향을 미치고, 행정부 관료와의 의견 교환을 통해 행정부의 정책 수립과 집행에도 영향을 미친다. 입법, 사법, 행정에 이어 제4부라고 해도 좋을 만큼 큰 역할을 하고

16 〈매일경제〉에 기고한 '생각하는 사람이 많아져야 한다'(2016.8.8)를 수정 · 보완한 것임을 밝혀둔다.

있는 것이다. 싱크탱크에서 근무하다가 정부 고위직에 진출하거나 국회의원이 되기도 하고, 반대로 정부 고위직이나 의원을 하다가 싱크탱크로 옮겨오기도 한다.

싱크탱크에서 열리는 토론회에 가면 어떤 경우에는 별반 새로운 얘기가 없는 경우도 있는데, 이런 경우도 결코 쓸모없는 게 아니다. 전문가들이 모여 기존의 입장이 여전히 유효함을 확인하는 과정이라고 할 수 있기 때문이다.

싱크탱크의 순기능은 여러 가지가 있지만, 가장 중요한 것은 평소에 각종 현안에 대하여 다양하고 심도 깊은 토론을 통해 입장을 미리 정리한다는 것이다. 그렇기에 어떤 정권이 들어서도 아마추어리즘에 입각한 어설픈 정책이 나올 가능성이 거의 없게 된다. 집권당은 집권당대로 정책의 연속성을 확보하게 되고, 야당이 공백 기간을 거쳐 재집권하는 경우에도 정책의 품질을 확보할 수 있다.

싱크탱크는 주로 개인 기부금에 의해 운영된다. 정부가 발주한 용역을 수행하면서 정부 예산을 지원받는 경우도 있지만, 주로 개인 기부금으로 운영되기 때문에 정부의 영향을 받지 않고 객관적인 입장을 지킬 수 있다. 헤리티지 재단의 경우 약 65만 명의 기부자가 기부하는 연간 9천만 불 규모의 예산으로 운용한다. 고액 기부자도 더러 있으니 1인당 연간 100불 정도를 기부하는 셈이다. 국민소득을 감안해 우리나라 기준으로 얘기하면 1인당 연간 5만 원 정도를 기부하는 것이다. 자장면 열 그릇 값밖에 되지 않는 셈이니 우리나라에서도 헤리티지 재단과 같은 싱크탱크를 설립하는 것이 그리 어려운 과제는 아니라는 뜻이다. 그러나 우리나라에서 싱크탱크가 활성화될 여건이 마련되려면 아직 시간이 걸릴 것으로 보인다.

기부자들은 본인이 믿고 있는 가치가 실현되기를 바라는 마음에서 기꺼이 돈을 기부하는데, 우리나라 정당들처럼 지향하는 가치가 분명하지 않고 지역에 따라 인기 있는 정치인에 따라 이합집산하고 당의 이름을 바꿔대는 혼돈의 장에서는 돈을 기부할 동기를 유발하는 것이 쉽지 않기 때문이다.

우리도 지향하는 이념 가치에 따라 보수 · 진보 양당 체계로 정계 개편이 이루어져야 한다. 이미 보수주의와 진보주의의 양당 구도가 정립되어 있지 않느냐고 반문할 수도 있겠지만, 새누리당과 더불어 민주당은 이념 스펙트럼 상 차이가 없다. 2012년 대통령 선거 때 두 정당의 공약을 비교해 보면 두 정당은 모두 진보 성향의 가치를 지향하고 있다. 실제로 미국의 지인 중 한 명이 필자에게 한국의 보수주의자들은 다 어디 갔느냐고 물은 적도 있었다.

싱크탱크에는 또 하나의 중요한 순기능이 있다. 많은 젊은이들에게 일자리를 제공할 수 있다는 것이다. 특히 요즘처럼 인문계 대학 졸업생의 일자리가 줄어들고 있는 상황에서 싱크탱크는 이들에게 양질의 일자리를 제공해 인문학의 명맥을 유지케 하는 기능을 수행할 수 있다. 또한 유능한 퇴직 공무원들에게 숨 쉴 공간을 제공함으로써 공무원 재직 시 부당한 압력이나 유혹에 굴하지 않고 소신껏 일하는 분위기를 조성하는 데도 기여할 수 있다.

무엇보다 싱크탱크가 각종 현안에 대한 심도 깊은 정책 방안을 제시할 수 있다면, 5년 주기로 정권이 바뀔 때마다 지난 정권의 정책 과제가 폐기되고, 새로운 정책 과제를 찾아내는 과정에서 겪는 수많은 시행착오를 없앨 수 있다.

박근혜 정부의 '창조경제'는 한때 정의조차 제대로 내리지 못해 혼란을 일으키기도 했다. 사실 창조경제는 지난 정권의 '신新성장 동력 발굴'과 다를 바가 없는 것인데 새롭게 포장하려다 보니 콘텐츠가 달라질 것은 없고, 그래서 지역마다 창조경제혁신센터를 설립하는 것으로 낙착을 보게 된 것이다. 자원 빈국인 우리나라는 해외자원 개발이 중요한 정책 과제임에도 불구하고 사실상 중단된 상황이다. 자원 개발 같은 경우는 성공보다 실패하는 경우가 많은데 실패한 사례만 들추며 책임을 추궁하기 시작하면 자원 개발에 적극 나설 사람은 없게 된다. 따라서 해외자원 개발에 대한 세세한 입장을 싱크탱크가 다듬어 놓으면 해외자원 개발정책이 정권에 따라 춤추는 일은 없어질 것이다.

이런 점에서 최근 들어 싱크탱크의 필요성에 대한 공감대가 식자층을 중심으로 서서히 형성되어 가고 있는 점은 다행스러운 일이 아닐 수 없다. 그러나 우리나라에 현존하는 연구기관들은 경제 이슈에 많이 치우쳐 있으며, 이름이 있는 경우 국책 연구기관이거나 특정 분야에 국한한 민간 단체 소속이어서 국가 전략이나 정치 이념까지 아우르는 데는 부족함이 있는 게 현실이다. 특히 '국가 대전략Grand Strategy'을 수립하는 데 있어 역할을 담당할 수 있는 싱크탱크가 눈에 띄지 않는다. 미국형 싱크탱크의 조직, 운영, 예산 조달, 기부자 관리, 정책 홍보 방식, 국내외 네트워킹 전략 등에 관해 심도 있는 연구가 필요하다.

미국의 유수한 싱크탱크들은 외국의 국회, 외교부, 통상 부처, 싱크탱크와도 연결고리를 맺고 상호 방문을 통해 의견을 교환하고 정보를 공유한다. 우리 정치인들과 외교부 그리고 경제부처의 관료들도 미국의 유수한 싱크탱크와 교류의 폭을 넓혀야 한다. 미리 공감의 폭을 넓혀 놓으면 향후 연구원들이 정부의 고위 정책 담당자로 들어갔을 때 서로에게 많은 도움이 될 수 있다. 우리에게도 미국형 싱크탱크가 생겨서 국가 전략이 논의되고 정책의 장기적 발전 방향이 가다듬어져서 아마추어리즘 정책, 실험실 정책이 정권이 바뀔 때마다 정권의 랜드마크 정책으로 둔갑되어 나타날 소지를 사전에 차단해야 한다.

안보는 목표이고 외교, 군사는 안보를 실현하기 위한 수단이다. 외교부 산하에 외교안보연구원이 있는 것은 수단인 외교가 목표인 안보를 거느리는 이상한 모양새라고 할 수 있다. 우리나라에 외교 전문가와 군사 전문가는 있어도 안보 전문가는 없다는 방증이다. 그렇기에 사드 배치와 같은 이슈가 있을 때 매끄러운 대처를 하지 못하는 것이다. 사드 배치 문제는 '협상 불가능한 군사 보안 이슈non-negotiable confidential military issue'인데 '협상 가능한 공개적 외교 이슈negotiable open diplomatic issue'로 잘못 정의한 데서 모든 혼란이 야기된 것이다. 안보를 전문 영역으로 하는 싱크탱크의 설립을 서둘러 안보 전문가를 양성해내야 한다.

국내 정치의 국제화가 시급하다

'세계화'는 김영삼 정부를 상징하는 구호였다. 그러나 정부가 추진한 세계화는 'Globalization'이 아니라 말 그대로 'Segewha'였다. 전대미문의 고유명사였던 'Segewha'는 시장 개방정책의 긍정적인 측면만 부각시키고 부정적인 측면에 대한 사전 대비를 소홀히 함으로써 외환위기를 잉태하는 결과를 초래하고 말았다. 외환위기를 거치면서 거의 모든 부문에서 국제화가 전향적으로 이루어졌지만 유독 정치 분야에 있어서는 아쉬움이 남는다.

이제 우리나라의 국회의원들도 밖으로 눈을 돌릴 때가 되었다. 4선, 5선의 중진의원들이 미국 의원들과 지속적인 친분 관계를 맺거나 미국의 싱크탱크와 지속적으로 교류하는 것은 한미동맹의 건전한 발전을 위해서나 한국의 국익을 키워나가기 위해서 꼭 필요한 일이다. 그동안 정몽준 의원, 박진 의원, 황진하 의원 등 비교적 영어에 능숙한 전현직 의원들이 제몫을 해왔지만 더욱 확대해야 할 뿐만 아니라 보다 체계적인 접근이 필요하다. 여러 가지 주제를 넓지만 깊이 없게 다루는 접근 방식보다 특정 주제를 심도 있게 다루는 것이 필요하다.

고위직 인사 중에는 영어를 유창하게 사용하는 것에 강박관념이 있어 통역을 이용해 토론에 참가하는 데 소극적인 모습을 보이는 경향이 있는데 이는 잘못된 생각이다. 미국 사람들은 정확한 의사소통을 가장 중요하게 생각하기 때문에 오히려 통역을 원한다. 필자가 실무자였을 때 영어를 잘 구사하는데도 불구하고 해외 출장에서 철저하게 통역을 쓰는 높은 분들이 있었다. 결과를 보면 통역을 쓸 때 청중들의 반응이 훨씬 좋았다. 의사소통이 제대로 됐기 때문이다.

국제무대에서 영어로 원활한 의사소통이 가능한 분들 중에서 필자의 기억에 가장 인상 깊었던 분은 박영철 고려대 석좌교수다. 박 교수는 영어 구사 능력뿐만 아니라 전문 지식, 경험 등 모든 측면에서 탁월하다 보니 심도 깊은 토론과 반대편 설득도 가능했다. 그러나 영어권 국가 출신이 아닌 다음에야 뛰어난 어학 실력과 사안에 대한 통찰력을 동시에 갖추기는 어려운 것이 현실이다. 따라서 대부분의 경우 통역을 쓰는 것이 오히려 외국인 청중들을 존중하고 잘 대접하는 것이라는 점을 알아야 한다. 영어를 못한다고 뒷전에 물러나 있을 필요가 없다.

국회의원의 국제적 네트워킹이 중요한 이유는 네트워킹의 지속성 때문이다. 우리나라의 장차관급 각료들의 재임 기간은 그리 길지 않고 그나마도 예측이 어렵기 때문에 국제적 네트워킹이 쉽지 않은 게 현실이다. 따라서 국회의원들이 10년, 20년, 30년의 긴 안목을 가지고 국제무대에서 활약해 준다면 국익을 크게 신장시킬 수 있다. 1년에 한 번 짧게 방문하는 방식, 그것도 몇 명이 단체로 방문하는 방식을 지양하고 두세 명의 소그룹 형태로, 때로는 단독으로 1년에 최소한 분기당 1회는 미국을 방문해서 현안을 점검하고 의견을 교환하는 기회를 가진다면 심도 있는 관계 구축이 가능할 것이다.

대통령도 마찬가지이다. 대규모 방문단을 동반해 격식을 갖춰 미국을 찾는 것도 물론 의미가 있다. 그러나 1년에 두세 차례 핵심 참모만 거느리고 미국 대통령을 만나는 실무 방문이 실리에도 부합되고 두 나라 모두에게도 부담이 없다. 기자단 대동하랴, 백 명에 가까운 수행원 대동하랴, 의전행사 준비하랴 양국 실무진에게 큰 부담이 되는 방문보다는 실리 외교가 요구되는 것이다. 유럽 정상들은 이런 실속을 챙기는 방문 방식을 오래전부터 관행으로 정착시켜 왔다. 미국에 와서 대규모 행사에 집착하는 모습은 깊이 파고들면 지난 어려운 시절에 있었던 자격지심의 발로라고 할 수도 있다. 그러나 이제 대한민국은 세상이 알아주는 강국은 아니어도 과거의 콤플렉스에 머물 정도의 우스운 나라 역시 아니다. 당당하게 실속을 차리고 의전은 무시하는 의젓한 모습을 보일 때가 되었다는 뜻이다.

헬무트 콜 전 독일 수상은 러시아 격변기를 틈타 독일의 통일 과업을 수행하는 과정에서 조지 부시 전 대통령에게 매일 전화로 상황을 알리고 필요한 조언과 도움을 받았다고 한다. 또한 수시로 수행원 몇 명만 데리고 언론에도 알리지 않은 채 백악관을 방문해 미국의 협조를 구했다고 전해진다. 콜 수상은 아무리 소련이 내부 문제로 정신이 없는 상황이어도 미국의 강력한 의지가 없으면 통일이 좌절될 수 있다는 사실을 너무나 잘 알고 있었기에 미국에 100퍼센트 밀착해 통일 작업을 수행해 나간 것이다.

일국의 지도자는 국가의 존망과 관련해 본인의 자존심 따위는 미련 없이 던질 각오를 갖춰야 한다. 콜 수상이 소극적으로 독일에 앉아서 통일 작업을 수행하고 미국과 긴밀하게 소통하지 않았으면 어땠을까? 소련이 갑자기 군사 행동을 하는 것을 막기 어려울 수도 있지 않았을까? 그런 조짐이 있을 때마다 미국에 협조를 구해 소련을 강력하게 견제하지 않았으면 독일 통일이 어려웠을 수도 있다. 베를린 장벽이 우연한 기회에 무너지면서 독일 통일이 갑자기 찾아온 것으로 잘못 알고 있는 사람들이 많은데, 독일 통일은 오랜 기간 동안 심혈을 기울인 결과물이었음을 명심해야 한다.

이제 우리 정치인들도 시야를 넓히고 국제화해야 한다. 미국, 중국, 일본, 유럽, 그리고 주요 개발도상국들과의 교류를 확대하고 체계화하는 데 노력을 경주해야 한다. 다시 한 번 강조하지만 영어를 잘하는 게 자랑이 될 수 없고, 영어를 못하는 게 부끄러운 것도 아니다. 언어가 장벽이 되어 관계 구축이 이루어지지 못하는 것이야말로 본말이 전도되는 것이다. 다른 한편으로 생각하면 외국어 구사능력이 뛰어난 우리나라 젊은이들에게 국제무대에서 통역으로 일하는 기회를 제공함으로써 진정한 양질의 일자리 창출에 기여할 수도 있을 것이다.

의원 외교의 활성화를 위해서 국회사무처의 관련 조직도 확대하고 의원 외교 활동을 지원할 예산도 확충해야 한다. 새로운 어젠다의 실천을 위해서는 조직과 예산이 수반되어야 한다. 의원 외교의 새로운 전형이 하루빨리 정착되어 대한민국의 국력이 더욱 세계로 뻗어나가는 밑거름이 되기를 희망한다.

다만, 한 가지 언급하고자 한다. 미국 의회 상원외교위원장을 지낸 반덴버그Arthur H. Vandenberg 상원의원의 유명한 경구 '정치는 물가에서 멈춘다Politics stops at the water's edge'의 정신에 입각하여 의원 외교가 이루어져야 한다는 것이다. 외교 정책에 관한 한 여야를 막론하고 행정부의 입장을 지지해야 한다는 반덴버그 상원의원의 명언은 여야 간 의견 차이에도 불구하고 트루먼Harry S. Truman 대통령의 유럽집단방어체제NATO 출범을 가능케 했다. 야당 의원이 외국 정치인과 만나 집권 여당 정부의 외교정책과 다른 입장을 취한다면 나라 망신일 뿐만 아니라 정치의 금도를 벗어나는 것이 된다.

언론의 외교·국방 취재 역량을 높여라

한국은 지난 50년 동안 기적과 같은 경제 발전을 이루며 세계인의 부러움과 칭송을 한 몸에 받았다. 충분히 긍지와 자부심을 가져도 좋다. 그러나 한 가지 분명한 것은 아직도 세계에는 우리보다 경제적으로 부강하고 군사적으로 월등한 나라들이 많다는 것이다. 특히 우리나라는 세계 1, 2, 3위를 다투는 열강들에 둘러싸인 불안한 지정학적 위치에 놓여 있다. 우리보다 힘센 주변 국가들의 눈치를 보고 조심스럽게 행보해야 하는 게 엄연한 현실인 것이다.

아주 냉정하게 보면 구한말 조선이 처했던 상황이나 현재의 대한민국이 처한 상황이나 크게 다르지 않다는 시각도 존재한다. 그때나 지금이나 우리의 문제를 우리 스스로 완결하지 못하기 때문이다. 따라서 눈 뜬 장님이 되어 국제 정세의 흐름을 놓치고 어리석은 행동을 반복해 국치의 변을 당한 구한말의 치욕을 오늘날 되풀이하지 않으려면 외교 · 국방 분야에서 정신 바짝 차려야 한다.

대한민국의 외교 · 국방 분야는 지금까지 외무고시 출신의 관료와 사관학교 출신의 장성들이 주도해왔다. 이러한 경우 아무리 우수한 인재라고 하더라도 집단 사고의 오류에서 완전히 자유로울 수 없는 게 문제다. 제 식구 감싸기와 집단 선민의식이 있을 수밖에 없는 구조이기 때문이다.

일선 외교관들이 모두 뛰어난 외교 전략 전문가가 될 수 없고, 군사작전 전문가가 모두 유능한 안보 전략 전문가로 변신할 수도 없기 때문에 이에 대한 보완책이 시급하다. 특히 견제 세력이 없는 상태에서 순혈주의에 의한 보직 배치가 이루어지면 오류와 과실이 드러나지 않은 채 누적되어 큰 재앙을 불러일으킬 수 있는 가능성에 주목할 필요가 있다.

순혈주의에 공명심까지 더해지면 무책임한 자기 과신과 과장 홍보로 이어진다. 예를 들어 현대 군 전력의 핵심인 전투기와 관련해 그간 국방 당국의 홍보만 놓고 보면, 우리나라는 이미 세계 최첨단 전투기 시장에서 핵심 공급자가 되고도 남았어야 한다. 우리는 1980년에 국산 초음속 전투기 '제공호'가 국민들의 환호 속에 하늘로 날아오르던 가슴 벅찬 장면을 기억하고 있다. 그때 전두환 전 대통령이 직접 조종석에 앉은 모습이 KBS 9시 뉴스 첫머리에 보도된 것도 생생하게 기억한다.

그러나 제공호의 엔진과 핵심 부품은 모두 노스롭Northrop과 GE가 만든 미국산이었다. 비행기 조립만 한국에서 이루어진 후 제공호라는 이름만 새긴 것이다. 핵심 기술이 모두 외국에 있고 겉에 칠한 페인트 정도만 국산인데도 국산 초음속 전투기로 둔갑된 것이다. 그렇다면 현재 우리의 항공기 제작 수준은 어디쯤 와 있을까? 정확히 말하면 일본이 1940년에 개발해 실전 배치한 제로센零戰 전투기를 아직도 100퍼센트 우리 기술로 만들기에 버거운 수준이다. 이 사실을 국민들이 알면 기가 막히다 못해 큰 배신감을 느낄 것이다.

한국항공우주산업KAI이 개발했다는 T-50 초음속 훈련기 역시 미국 록히드 마틴의 엔진과 핵심 부품을 한국에서 조립한 것일 뿐이다. 물론 일부 중요 부품의 국산화에 성공한 것은 사실이지만, 핵심인 엔진 제작 기술이 우리나라에 없다는 점에서 T-50은 국산 항공기가 아니라 국내에서 조립한 미국산 항공기라고 말하는 게 정확하다. T-50을 개조해 미 공군 훈련기로 납품한다는 야심찬 계획은 분명 훌륭한 계획이고, 한미 산업협력의 미래를 제시하는 값진 협업모델임에 틀림없다. 그러나 국민들에게 불필요하게 부풀려져 알려지는 것은 바람직하지 못하다. 훗날 대외 관계에 있어 중대한 결심을 내려야 할 때를 가정해 보라. 국민들이 우리의 군사 역량에 대해 현실과 다른 환상을 갖고 있으면 정부의 조심스러운 행보를 이해 못할 수도 있다. 강경대응이 즉각적인 패전과 몰락을 의미하는지도 모르고 이를 당연히 요구함으로써 위정자들에게 큰 부담을 줄 수도 있는 것이다.

싸워 이길 능력도 없는데 주전론主戰論이 득세하면 위정자로서는 옳은 선택을 하기 어려워질 수밖에 없다. 위정자 자신도 군사 기술력의 실제 수준에 대한 인식이 부족한 탓에 잘못된 확신에 차서 위험천만한 결정을 쉽게 내릴 가능성이 커진다.

이런 점에서 최근의 동북아 외교전략을 들여다보면 답답하다. 외교는 미래 지향적이어야 하고 철저히 실리에 입각해 추진되어야 하는데 과거에 묶여 명분에만 매달리는 오류를 범하는 일이 잦기 때문이다. 미국과의 거리도 상당히 벌어지고 있는 것이 눈에 띈다. 도널드 트럼프 미 공화당 대통령 후보가 한국을 대놓고 비난하고, 다른 후보들 역시 한국 때리기에 동참하는 것을 보면 결코 정상적인 상황이 아니다. 정치인은 기본적으로 유권자들이 듣고 싶어 하는 말을 하는 사람들이기 때문이다.

한미 외교 당국자들이 나서서 "한미동맹은 빛 샐 틈도 없다", "한미 관계는 최상의 상태다"라고 외교적 수사를 쓰는 것 자체가 사실은 부실의 징후이다. 굳이 할 필요가 없는 말을 할 때는 그 뒤를 새겨봐야 한다. 개인 간의 관계처럼 국가 간의 관계에서도 굳이 할 필요가 없는 말을 할 때는 반대로 해석하면 크게 틀리지 않다. 현재 상황이 나쁘다고 하더라도 외교 당국자들이 나쁘다고 시인할 수는 없는 노릇이기 때문이다.

외교·국방이 바로 서고 국민에게 정확한 정보를 제공하기 위해서는 무엇보다 언론의 역할이 중요하다. 그러나 현재 해당 분야에서 역량을 갖춘 언론인이 외교 · 국방 분야를 담당하는 비중은 너무 낮다. 외교 · 국방 분야는 정치부 소속의 일부 기능인 경우가 많고, 그것도 젊은 기자들이 한 번 거쳤다가 다시는 돌아오지 않는 곳이라 전문성이 부족하기 쉽다. 사정이 이렇다 보니 외교부 대변인, 국방부 대변인의 발표대로 토씨 하나 틀리지 않고 그대로 기사화한다고 해도 과언이 아니다. 그러나 언론의 견제 기능이 사라지면 외교부와 국방부는 아무런 부담감을 느낄 필요 없이 자기 입맛대로 메시지를 만들 위험성이 높다. 실제로도 이런 가능성에서 자유롭지 않은 게 작금의 현실이다.

국방부가 '창조국방' 이라는 타이틀을 걸고 업무 보고를 하는 자리에서 2020년대에 레이저 무기를 개발한다고 발표한 적이 있다. 그런데 당시 필자가 미국의 군사 전문가들에게 물어보니 미국, 러시아, 중국 정도가 개발에 참여하고 있는데 실전 배치를 위해서는 몇 가지 문제, 특히 고농축 에너지를 포터블portable 방식으로 휴대하는 문제와 안전성 문제를 해결해야 한다고 설명했다. 미군도 아직 개발을 완료하지 못한 신무기를 수년의 시차를 두고 개발할 수 있다면 크게 칭찬받을 일이지만 왠지 현실성이 낮아 보인다.

주요 언론사들은 이제 국내 정치에 쏟는 역량을 줄이고, 외교 · 국방 분야를 '정치부' 에서 독립시켜 '외교 · 국방부' 를 만들어야 한다. 해당 분야에 전문성과 역량을 갖춘 인재들을 적극 영입해 취재와 보도를 담당케 해야 한다. 홍보성 기사를 여과 없이 실을 게 아니라 국가와 민족의 생존을 위해 올바른 전략을 세우고 체계적으로 움직이는지 매의 눈으로 감시해야 한다. 자칫 전략이 잘못된 방향으로 흐르는 사태를 견제하는 것이 바로 언론의 사명이다.

그럴 때 우리 대통령의 미 의회 연설이 미국 언론에 단 한 줄도 언급되지 않는데도 국내 언론의 1면에 대문짝만하게 나는 외교적 불균형이 어떤 의미가 있는지 정확히 파악할 수 있다. 한국군의 미사일 사거리를 일본에 비해 훨씬 짧게 허용하는 미국의 전략적 의도에 대해서도 심도 있는 토론이 가능해진다. 국가와 민족이 생존의 길을 안전하게 걸어갈 수 있게 되는 것이다.

디테일 중시 문화를 정착시키자

일본은 메이지유신을 통해 중앙집권국가로 변신한 뒤 산업화에 박차를 가한 결과 청나라와 러시아를 물리치고 아시아 최강국으로 우뚝 설 수 있었다. 그렇다면 당시 일본과 조선의 격차는 어느 정도였을까?

이에 대해 단순히 일본이 페리Matthew Perry 제독에 의해 개항한 1854년과 조선이 일본과 수호조약을 맺은 1876년을 비교해, 우리나라가 일본에 20년 정도 뒤처져 있었을 뿐이라고 주장하는 시각도 있다. 그러나 1930년대 말과 1940년대 초에 이미 일본은 항공모함을 건조하고 세계 최고 성능의 제로센 전투기를 제작하였다. 이는 분야에 따라서 일본과 한국의 격차가 매우 크고 넓다는 것을 보여준다. 일본은 19세기 말에 영어 공용화 주장이 제기되었고 '탈아입구脫亞入歐',

즉 아시아를 벗어나 유럽의 일원이 되어야 한다는 포부를 드러냈으며, '세계 1등 시민'이 되자는 구호까지 나왔었다.

일본은 어떻게 이런 눈부신 성장을 불과 반세기만에 이루어냈을까? 그 답은 '란가쿠蘭學'에 있다. 란가쿠는 일본이 네덜란드를 통해서 유럽 문물을 배우는 것을 총칭하는데, 일본은 규슈 나가사키에 인공 섬을 만들고 네덜란드 상관을 설치해 발달된 유럽의 문물을 17세기부터 부지런히 받아들였다. 또한 당시 일본의 은 생산량은 한때 세계 총생산량의 3분의 1에 달하기도 했는데, 막대한 은을 기초로 세계 무역의 중요한 한 축을 이루었다는 사실을 간과해서는 안 된다.

서양 문화와 동양 문화의 차이는 여러 각도에서 설명할 수 있지만, 가장 대표적인 게 디테일과 실리를 중시하는 유럽 문화와 개관概觀과 대의명분을 중시하는 동양 문화의 차이라고 할 수 있다. 그리고 이러한 문화적 특징이 두드러진 분야 중에 하나가 미술이다. 서양화는 디테일을 중시하는 세밀함을 보이는 데 반해 동양화는 특징을 대범하게 표현하는데, 유럽 문화가 객관적 증거를 중시하는 반면 동양 문화는 직관을 중요시하기 때문이다. 또한 화약 무기가 동양에서 발명되었음에도 불구하고 이를 정교하게 발전시킨 곳은 서양이었고, 그로 인해 서양이 동양을 지배하는 결과를 낳은 것은 시사하는 바가 크다. 서양 과학이 획기적으로 발전하는 계기가 된 미적분의 발견 역시 디테일을 중시하고 세세하게 따지는 서양 문화의 결과물이라 할 수 있다. 만약 미적분이 없었다면 발사 후의 궤적Trajectory 계산이 불가능해 우주선이나 장거리 미사일을 운용하는 것이 불가능했을 것이다.

일본인들이 작은 것을 좋아한다는 이유로 '축소 지향의 문화'라고 일본 문화의 특성을 설명한 학자도 있지만, 구마모토 성의 웅장한 성곽을 보면 생각이 달라지지 않을까 싶다. 성곽 돌 하나하나의 크기가 어마어마하고 높이도 한국의 성과는 비교가 되지 않을 정도로 높다. 게다가 '축소 지향의 문화'라면 대동아공영권을 내세우며 중국, 인도차이나, 태평양 제도의 섬들을 점령하고자 한 야심을 설명하기 어렵다. 그럼에도 일본 문화가 중국이나 한국 문화에 비해 세밀하게 느껴지는 것은 일본이 일찍이 유럽 문화의 영향을 받아 예술 작품의 디테일을 표시하는 데 주력한 결과로, 일본 민족의 성향이 작은 것을 추구한다는 것과는 거리가 있다.

우리는 페리 제독이 동경 만灣에 나타났을 때 일본 관리가 페리 제독의 기함에 승선해 유창한 네덜란드어로 협상에 임한 사실을 주목해야 한다. 그만큼 일본은 세계의 흐름을 놓치지 않고 있었다. 그럼으로써 메이지유신을 통해 강력한 중앙집권국가 체제를 마련한 후에 중앙 정부의 통제 아래 근대 문명국가로의 변신을 이루어낼 수 있었던 것이다.

반면, 우리나라는 아쉽게도 디테일 중시 문화가 정착될 기회를 갖지 못했다. 특히 무골호인처럼 이도저도 좋다는 식의 처세에 능한 사람이나 두주불사형 마당발처럼 여기저기 얼굴 내미는 사람이 지도자형 인물로 인정되는 사회 분위기가 디테일 중시 문화의 정착에 최대

걸림돌이다. 누구나 어렸을 때부터 '사람은 모름지기 대범해야 한다'는 가르침을 받다 보니 세세한 내용을 따지려는 사람은 밥맛없고 재수 없다고 낙인찍히기 일쑤다. 이렇게 대충대충 넘어가다 보니 축적되는 것이 없고 늘 상식 수준에서 모든 것이 결정돼 전문가의 세밀함이 필요 없는 사회가 되고 말았다. 결국 좋은 게 좋다는 식으로 넘어가는 바람에 어이없는 대형 참사가 주기적으로 반복되어도 시정의 조짐조차 보이지 않는 것이다.

이제는 바뀌어야 한다. 대한민국이 아무도 넘볼 수 없는 번영의 반석 위로 올라서려면 디테일 중시 문화가 단단하고 깊게 뿌리를 내려야 한다. 산업이 경쟁력을 가지기 위해서는 독자적인 기술을 지녀야 하는데, 독자적인 기술을 얻으려면 세세한 질문을 만들고 그 답을 찾는 연구 개발 과정을 반복해야 한다. 마찬가지로 훌륭한 안보전략 역시 이웃나라의 역사와 외교전략, 국방전략, 무기체계와 기술 수준에 관한 세세하고 방대한 자료를 수집, 분석한 토대 위에서 이루어질 수 있다. 상식과 직관에 바탕을 둔 전략이 디테일과 집중 분석에 입각해 수립된 전략을 이길 수는 없는 법이다.

돌이켜보면 조선의 외교전략은 명분과 당략에 의해 좌우되었다. 명·청 교체기에 인조 임금이 이끌던 조정은 명분과 실리 사이에서 명분을 택하는 역사적 과오를 범했는데, 따지고 보면 디테일을 중시하지 않았기 때문이다. 디테일을 중시했다면 방대한 첩보망을 운영하여 명나라의 사정과 청나라의 군사력에 관한 실상을 정확히 파악하고 바람직한 결론이 도출되었을 것이기 때문이다.

19세기 말의 조선 조정도 같은 비난을 감수할 수밖에 없다. 조선 조정은 청나라 외교관 황준헌이 쓴 《조선책략》을 놓고 논쟁을 벌였는데, 어차피 《조선책략》은 청국의 이해관계를 반영한 것이니 그 내용을 토론하기보다 미국, 일본, 러시아라는 새로운 강대국에 대한 세밀한 연구를 하고 그 토대 위에서 외교전략을 짰어야 했다. 그랬더라면 아마도 미국에 일찌감치 접근했을 것이고 불필요한 논쟁과 대립도 없었을 것이다. 남북전쟁이 끝난 이후의 미국은 이미 산업 생산 능력이나 군사력에서 세계 최강국의 반열에 올라섰기 때문에 산업 시찰단만 보냈더라도 쉽게 파악할 수 있었기 때문이다.

반면, 일본은 페리 제독에 의해 개항이 이루어지면서 미국의 발달된 문물을 적극 배우기 시작했다. 일본인들은 미국의 물품을 '메리깐(American의 일본식 표현)'이라고 하며 최고로 대우했다. 같은 시기에 조선 조정은 통상을 요구하며 강화도 초지진에 상륙한 미 해군 육전대에 필사적으로 항전해 미국이 조선과의 통상을 포기하도록 하고 척화비를 세웠다. 그 결과 우리와 일본의 운명은 크게 갈렸다. 19세기 일본의 지배 세력과 조선의 지배 세력이 세상을 읽는 역량에서 차이를 보인 것이다. 지금도 같은 우愚를 범하고 있는 건 아닌지 심각하게 고민해야 할 때이다.

역사교육 방식을 바꿔야 한다

백제 패망 660년, 고구려 패망 668년…… 우리나라 청소년들은 오늘도 단순한 역사 지식을 외우고 또 외워 우등생이 된다. 이러한 한국의 역사교육은 그동안 외국인들의 눈에 컴퓨터와 동격으로 보이는 똘똘한 수재들을 양성해 왔다. 그러나 정작 "백제와 고구려가 왜 망했느냐?"라는 질문에 명쾌하게 대답하는 학생이 거의 없는 어이없음도 같이 만들어냈다.

역사를 배우는 이유는 역사가 반복되기 때문이다. 백제가 망한 이유와 똑같이 오늘날 대한민국이 망할 수 있기 때문에 역사를 배우는 것이다. 그런데 인과관계에 대한 설명 없이 단편적 사실과 시간적 순서만 외우는 역사 공부가 무슨 부가 가치를 창출하는지 알 수가 없다.

어느 학생의 암기력이 우수한지 테스트하는 것 외에는 단돈 1원의 가치도 없는 교육이 역사교육이라는 엄청난 이름 하에 버젓이 이루어지고 있는 것이다. 전교조가 활성화된 이후부터는 난데없이 이념으로 역사를 해석하고 왜곡하는 시도가 좌우 양쪽에서 모두 관찰되는 위험한 교육 현장이 된 것도 역사 교실이다.

우리의 역사교육은 단정적인 사실을 암기하는 종전의 방식을 혁파하고, 사건의 인과관계를 분석하고 교훈을 도출하는 토론식 학습으로 바뀌어야 한다.

필자는 세 번에 걸친 미국 생활과 필리핀 생활을 통해 한국의 역사교육 방식을 돌아볼 기회를 가질 수 있었는데, 특히 미국의 역사교육 방식과 어떠한 차이점이 있는지 살펴볼 수 있었다. 우선 미국의 역사 교과서는 어마어마하게 두껍다. 단정된 개략적 사실을 나열하는 한국 교과서는 두껍게 만들 이유가 없지만, 미국 교과서는 디테일을 중요시하는 서양 문화의 특성답게 사건의 기술도 자세하고 인과관계와 교훈까지 토론하도록 유도하는 방식으로 만들어지다 보니 분량이 엄청나다.

한국 학생들이 미국에서 중 · 고등학교를 다닐 때 가장 어려워하는 과목이 역사 과목인 것도 이 때문이다. 영어 실력도 부족한데 방대한 양을 읽고 이해하는 것도 어렵고 스스로 고민하여 답을 찾고 토론하는 학습 방식도 생소한 것이다. 늦둥이 아들의 고등학교 세계사 숙제 중 하나가 동양의 도자기 문화에 대한 리포트를 작성하는 것이어서 함께 워싱턴 시내의 박물관을 둘러본 기억이 있다. 요구하는 과제 내용이 박물관에 전시된 도자기를 관람하고 특징을 조사하는 것이었는데, 꼼꼼하게 메모하고 자신의 생각을 정리하는 모습을 보면서 미국의 역사교육이 우리의 것과 큰 차이가 있음을 다시 한 번 느낄 수 있었다.

미국의 역사교육은 대충대충 얘기하고 넘어가는 법이 없다. 학습 대상이 정해지면 세세한 것까지 들여다보고 서로 토론하게 한다. 반면 필자가 고등학교를 다닐 때는 업무 일지처럼 시간대별로 나열한 사건만 외우고 또 외웠다. 그런 탓에 구한말 패망의 역사를 배우며 분노하고 절망했던 기억은 나는데, 패망의 역사를 통해 교훈을 도출하는 수업을 한 기억은 없다. 분노하고 절망하며 다시는 들여다보지 않겠다고 다짐한 기억은 있어도, 눈물의 역사에서 얻은 교훈을 다음 세대에 전해 치욕의 역사가 반복되지 않도록 하겠다는 생각을 해본 기억은 없는 것이다. 역사교육 방식이 잘못되었기 때문이다.

우리의 역사교육 방식은 이제 철저하게 뜯어고쳐야 한다. 이스라엘의 '통곡의 벽'은 이스라엘 사람들에게 전쟁에서 져 고난을 감수해야 했던 조상들을 생각케 하는 곳이다. 실패한 조상도 실패하고 싶어서 실패한 것은 아니다. 잘하고 싶었지만 뭔가 부족했기 때문에 의도대로 하지 못한 것이다. 이처럼 조상을 비난하기 전에 그들의 고뇌를 이해하려는 노력이 있어야 하고, 어떻게 해서 잘못된 판단을 하게 되었는지 꼼꼼히 따져야 후대에 동일한 실수가 반복되지 않는다. 만약 역사교육이 인과관계 분석과 교훈 도출이라는 각도에서 이루어졌다면, 필자 역시 큰 흥미와 열정을 가지고 구한말 패망의 역사를 들여다보았을 것이다. 이처럼 스스로 교훈을 얻을 수 있을 때, 후손들에게도 보다 의미 있는 역사 지식과 교훈을 전할 수 있는 것이다.

역사 교과서 국정화 문제도 결국 사실과 사실의 해석을 나열하는 형식의 교과서를 집필하기 때문에 생긴 문제이다. 사실은 사실대로 놔두고 그 사이의 인과관계를 파악하고 토론을 통해 교훈을 도출하는 형식으로 교과서를 집필한다면 우편향, 좌편향 식의 비판의 소지는 크게 줄어들 것이다. 자라나는 세대의 사고력과 세상을 보는 눈을 키워주기 위해서라도 현재의 역사교육 방식을 혁파하는 것은 중요하다.

학교에서 태평양전쟁과 관련된 역사를 충분히 배웠다면 당시 아시아와 태평양 세력의 균형 관계에 대한 이해가 생기게 되고, 미국, 중국, 일본, 러시아의 행보를 이해함으로써 오늘날 동북아 안보 구도 재편 과정과 일본 재무장의 역사적 의미에 대한 이해가 깊어졌을 것이다. 만약 그렇게 교육했다면 우리의 외교 · 국방을 담당하는 인재들의 사고의 폭과 전략의 깊이가 훨씬 더 높은 수준에 다다를 수 있었을 텐데 과거의 역사교육이 부실했던 대가를 오늘날에 치르게 될까 걱정이 앞선다. 외교 · 국방을 담당하는 인재들이 부디 개인적으로라도 많은 역사 공부를 하고 고뇌의 시간을 가졌기를 바란다.

알파고와 IT 코리아[17]: 실속 없는 독창성

2016년 3월, 알파고AlphaGo가 전 세계의 뜨거운 관심을 받았다. 인공지능AI: Artificial Intelligence 바둑 프로그램인 알파고가 세계 바둑 최강자 중의 한 명인 한국의 이세돌 9단과의 세기의 대결에서 4승 1패로 승리를 거둔 것이다. 4국에서 이세돌 9단이 승리를 거두자 언론은 인류의 승리라며 환호를 터뜨리고 마치 SF영화에서 지구를 침공한 외계인을 물리친 것처럼 안도했다. 그러나 한편으로 인간의 한계와 인공지능의 놀라운 실력에 두려움을 나타냈다.

---

17 〈매일경제〉에 기고한 '인공지능 규제하는 세계기구 만들어야'(2016.03.20)를 수정 · 보완하였음을 밝힌다.

인공지능 전문가인 제리 카플란Jerry Kaplan 스탠퍼드대 교수는 인공지능의 발전으로 현존하는 직업의 90퍼센트가 사라져 대량 실업이 발생할 것을 우려한 바 있다. 일례로 공항에서 발권 업무를 기계가 대신하면서 꽤 괜찮은 사무직이었던 항공사의 지상 근무 인력이 크게 줄고 있으며, 미국의 대형 편의점 계산대에서는 자동 출납기가 고객을 맞이한다. 담당 직원은 주변에서 고객을 돕는 소수 인원만 남았는데, 물류를 담당하는 직원들 역시 머지않아 인공지능을 가진 로봇에 자리를 내줄 것으로 보인다. 실제로 필자가 살던 북버지니아 매클린의 한 대형 편의점에서는 인공지능 출납기를 도입한 후 26명이었던 직원이 11명으로 줄어들었다.

이러한 일자리 감소는 교수, 변호사, 의사 등의 전문직과 문화예술, 스포츠 분야에 이르기까지 폭넓게 확산될 것으로 예상된다. 빅데이터와 인공지능으로 무장한 로봇이 한 치의 오차 없이 수술도 하고, 아름다운 음악을 연주하고, 노래도 부르며, 인간보다 훨씬 뛰어난 기량으로 컨설팅 업무를 할 날이 올 것이다. 또한 현재보다 훨씬 잔인한 형태의 스포츠도 예상되는데 격투기의 연장선에서 로마시대 검투사 시합과 같이 목숨을 건 대결이 이루어질 수도 있다.

인공지능의 발전은 대량 실업 외에도 민주주의 체제의 붕괴를 야기할 가능성도 있다. 새로운 인공지능을 개발한 사람들이 부를 독점하면서 생기는 양극화 현상을 처리하는 문제도 큰 정치 쟁점이 될 것으로 보인다. 조지 오웰의 소설 《1984년》의 빅 브라더나 영화 '설국

열차' 의 머리 칸과 꼬리 칸이 소설이나 영화에서나 나오는 픽션이 아니라 눈앞의 현실로 다가오고 있는 것이다. 또한 인공지능의 발전은 로봇기술, 나노기술과 연결되어 군사기술과 전쟁의 양상을 바꾸게 될 것이다. 현재 강대국들은 국방과 관련된 이 분야에 초미의 관심을 쏟고 있다.

흥미로운 것은 인공지능에 대한 각국의 대응이 서로 다르다는 점이다. 산업혁명을 이끌며 '해가 지지 않는 나라' 였던 영국은 여전히 강력한 기술국가임을 증명하고 있는데, 알파고를 만든 딥마인드 DeepMind 역시 영국 기업이다. 정보통신기술진흥센터가 발표한 '2015년 정보통신기술 수준 조사' 에 따르면 영국은 우리나라보다 2.6년 앞서 있다고 한다. 알파고의 고향인 영국도 대단하지만 막대한 자금을 들여 알파고를 인수한 미국의 자본력과 세계를 이끌어가는 안목 또한 높이 평가받아 마땅하다. 구글이 딥마인드를 인수한 금액에 대해서는 의견이 분분한데 못해도 4~5억 달러 수준으로 추정되고 있다. 구글의 창업자인 래리 페이지가 직접 나서서 인공지능 관련 기술과 인재 확보를 주도했다는 후문이다.

무섭게 성장하고 있는 중국 역시 2016년 3월 '13차 5개년 계획(2016~2020년)' 을 통해 인간과 로봇의 상호 작용을 위한 인터넷 플랫폼을 확보하겠다고 발표했다. 중국의 대표적인 IT기업들인 BAT(바이두 · 알리바바 · 텐센트)는 이미 거액을 AI 연구에 투자하고 있다. 중국의 인적 자원과 자금력을 생각할 때 관련 분야에서 두각을 나타내는 건 시간문제일 것이다.

인공지능과 관련하여 색다른 행보를 보이는 것은 일본이다. 영국과 미국이 기술 개발 부문에서 앞서 나가고 있다면, 일본은 인공지능의 활용과 상용화에 중점을 두고 있는 것으로 보인다. 일본의 연구팀들은 인공지능을 활용한 헬스케어시스템 개발에 박차를 가하고 있으며, 인공지능이 쓴 소설이 문학상 1차 전형을 통과하는 등 문화예술 분야에서의 활용도 시도하고 있다. 이에 발맞춰 일본 정부가 인공지능이 창작한 음악, 소설, 그림 등의 저작권 보호를 위한 법제 정비를 검토하기 시작했다는 소식에 놀라지 않을 수 없다.

그렇다면 IT강국이라는 한국의 대응은 어떨까? 2016년 3월 정부는 인공지능 관련 분야에 5년간 1조 원을 투자하고 민간 투자를 유도하겠다고 발표했다. 분명 환영할 만한 일이다. 그러나 연간 2천억 원의 투자 금액은 다른 나라들에 비해 충분한 투자라고 보기 어렵다.

인공지능을 연구하는 과학자와 영리기업의 손에 인공지능의 미래를 맡겨두는 것도 큰 문제다. 모든 나라가 참여하는 세계기구를 만들어 합리적인 인공지능 규제 방안을 만들어야 한다. 인공지능이 인류의 발전에 순기능을 하려면 나쁜 목적으로 활용되지 않도록 하는 것이 중요하다. 물론 그 이전에 인공지능 개발의 한계를 분명히 하여 우리 스스로 통제할 수 없는 괴물을 만들어내는 어리석음을 피해야 할 것이다.

명마名馬로 유명한 부케팔라스가 알렉산더 대왕을 만나지 못했다면 사람들은 부케팔라스를 단지 몹시 사나운 말로 기억하거나, 혹은 아무도 기억하지 못했을 것이다. 알렉산더라는 훌륭한 장수를 만나 비로소 사람들이 기억하는 명마가 된 것이다. 인공지능이라는 뛰어난 과학기술 역시 어떻게 다루고 이용하느냐에 따라 재앙이 될 수도 축복이 될 수도 있다.

페이스북Facebook의 원조라고 할 수 있는 아이러브스쿨iloveschool을 고안한 저력을 가지고 있음에도 한국의 IT산업은 '서비스service'가 '공짜'라는 뜻으로 통용되는 한국 사회의 후진성과 기술금융제도의 부족으로 아직 대박을 터뜨리지 못하고 있다. 세계적으로 대박이 터진 포켓몬스터 게임의 '증강현실Augmented Reality' 기술의 원조가 한국 IT산업임에도 사업화에 실패했다는 게 사실이라면, IT산업을 둘러싼 정책 전반을 다시 들여다보아야 미래가 있을 것이다. 한국 IT산업은 분명 AI 분야에서도 탁월한 재능을 보일 것으로 생각된다.

KBS 장한식 기자에 의하면 은연분리법銀鉛分離法[18]은 조선의 광산기술자에 의해 발명되었지만 정작 산업에 응용한 나라는 일본이었다고 한다. 17세기부터 일본이 조선의 은연분리법을 활용해 한때 전 세계 은 생산량의 3분의 1을 차지하며 유럽, 중국과의 무역을 통해 국력을 차곡차곡 축적해 나간 바 있음은 앞서 지적한 바 있다. 이런 잘못이 되풀이되어서는 안 될 것이다.

---

18 은 광석은 통상 납이 함께 붙어 있어 납을 분리해 내야만 상업적인 채굴이 가능한데, 서양에서는 수은을 활용한 아말감 제련법을 썼고 조선의 은연분리법은 소나무재를 활용했다고 한다.

8
장

국가 대전략Grand Strategy

전략적 모호성의 한계

사드의 한반도 배치 문제가 대두되자 시인도 부인도 하지 않는 '전략적 모호성Strategic Ambiguity'을 유지하는 것이 한때 우리 정부의 입장이었다. 쉽게 말하면 한국은 중국 편도 미국 편도 들지 않겠다는 것이었다. 그럴듯해 보이지만 국제법상 어불성설일 뿐 아니라 전략적인 측면에서도 위험한 발상에 불과하다. 마키아벨리Niccolo Machiavelli도 《군주론The Prince》에서 '어중간한 중립은 파멸을 부른다'고 경고한 바 있다.

첫째, 사드는 분명 군사 안보상의 문제이다. 미국과 한국이 한미상호방위조약을 맺고 있고 현재 휴전 상태에 있으며, 미국에게 전시작전권이 있는 현실을 감안하면 전략적 모호성은 이론적으로 성립할 수가 없다. 게다가 중국은 북한과 조중상호방위조약을 맺고 있어 국제법 개념상 적군이므로 사드 배치에 대해 언급할 위치에 있지도 않은 것이다.

둘째, 전략적 모호성은 절대 강자나 취할 수 있는 입장이다. 약자가 전략적으로 모호한 태도를 보이는 것은 화를 자초할 뿐이다. 최근의 예로는 이라크의 사담 후세인을 들 수 있는데, 그는 핵무기를 갖고 있지 않으면서도 보유 여부에 관해 전략적 모호성을 보이며 시인도 부인도 하지 않은 채 주변 국가들 위에 군림했고, 그 결과 미국의 공격을 자초함으로써 패망의 길로 들어서고 형장의 이슬로 사라졌다.

셋째, 미국과 중국 사이에서 전략적 모호성을 취하면 결국 양쪽 모두로부터 공격을 당할 수밖에 없게 된다. 군대에 갔다 온 사람들은 '교전 규칙Rule of Engagement'에 대해 알고 있을 것이다. 첫 번째 규칙은 적으로 명백하게 인식될 경우에만 발포하는 일명 소극적 교전 규칙이다. 두 번째 규칙은 아군이라고 확실하게 식별되지 않은 모호한 경우에도 발포하는 일명 적극적 교전 규칙인데, 적극적 교전 규칙에 의하면 미국과 중국 사이에서 모호한 태도를 보이는 한국은 중국, 미국 양쪽으로부터 공격을 당할 수도 있다.

사드에 관한 한 한국은 무조건 미국의 입장에 동조하는 것이 옳다. 중국이 비난의 목소리를 내면 중국에게 조중상호방위조약의 존재를 환기시키면 된다. 중국이 목소리를 낼 입장이 못 된다는 것을 조용히 논리적으로 설득하는 것이다. 또한 한반도 전시작전권이 미군에게 있으며 휴전 상태라 한반도는 이론상 전쟁 중임을 상기시키고 양해를 구하면 된다. 눈치를 보더라도 당당하게 자신의 입장을 설명해야 할 경우에는 자신감을 갖고 명쾌한 설명을 해야 대우를 받지 언제나 쩔쩔매며 애매하게 듣기 좋은 소리나 하면 받아야 할 대접도 받지 못할 뿐이다.

2016년 2월 추궈훙邱國洪 주한 중국 대사가 더불어민주당을 방문하여 "한반도의 사드 배치로 인해 한중 관계가 순식간에 파괴될 수 있고 회복도 쉽지 않을 것"이라고 경고한 바 있다. 이러한 발언은 외교적 결례를 넘어선 것은 물론이거니와 야당 대표에게 남긴 메시지라는 점에서 다분히 정치적 노림수가 있는 게 아닌가 하는 의심을 거둘 수가 없다. 추궈훙 대사의 발언은 중국이 북한의 미사일 공격에 노출되어 있는 한국의 안보에는 전혀 관심이 없고 자국의 이익에 따라 언제든 입장을 달리할 수 있다는 사실을 다시 한 번 확인해준다.

북한의 4차 핵 실험 이후 성사된 한중 정상회담에서 완전한 대북 제재 이행에는 적극적인 모습을 보인 시진핑 국가주석이 한반도 사드 배치에는 반대 입장을 분명히 한 것도 일이관지하다. 시진핑 국가주석이 주장하는 '중국의 꿈中國夢'은 전통적인 중화사상中華思想[19]의 또 다른 이름이며, 이러한 선민사상은 늘 그래왔듯이 중국을 제외한 모든 나라에 지극히 위협적이다. 게다가 중국의 경제 성장이 둔화됨에

---

19 중국에서 나타난 자문화 중심주의적 사상으로 화이사상(華夷思想)이라고도 한다.

따라 민족주의가 강화될 것으로 예상되어 걱정이 앞선다.

사마천의 《사기史記》에는 강대국으로부터 약소국을 지켜낸 시대의 영웅들이 등장하는데, 진나라로부터 약소 제후국을 지켜낸 소진蘇秦은 "치지기미란 위지기미유 환지이후우지 칙무급이治之其未亂 爲之其未有 患至而后憂之 則無及已"라는 말을 남긴 것으로 유명하다. 모든 일은 혼란스럽게 되기 전에 다스리고, 해로운 일이 일어나기 전에 대책을 세워 막아야 하며, 우환이 닥친 뒤에 걱정하면 이미 늦다는 뜻이다. 강자를 상대하는 약자가 앞날을 살펴 미리 대응 방안을 준비하지 않으면 명운命運을 달리할 수 있다는 교훈이 담겨 있는 것이다.

중국과의 관계에 있어서나 미국과의 관계에 있어서나 상대방이 호의를 베풀 것을 바라지 말아야 한다. 실력을 갖추고 논리와 실리에 의해 움직이며 우리의 이익을 극대화해야 한다. 좋은 관계를 유지할 수 있는 최고의 방법은 나를 돕는 것이 상대에게도 도움이 된다는 점을 인식하도록 하는 것이며, 이해관계가 아닌 다른 관계에 의존하게 되면 위험은 커진다. 아무리 관시關系가 중요한 중국이라지만 우리의 물건을 사는 것이 중국에게 이득이 되도록 해야지 중국이 질 나쁜 물건을 호의로 사들이길 바라면 안 된다. 또 그런 일이 일어날 수도 없는 것이 냉엄한 현실이다.

우물쭈물 눈치 보며 더듬거려봐야 얻는 것도 없이 따귀나 얻어맞는 수모를 당할 뿐인 게 국제 관계이다. 부디 당당하고 똑 부러지는 실리 외교를 펴는 것이 살길이라는 걸 모두 명심해야 한다. 물론 언제나 예의를 지키고 신사도를 실천한다는 덕목을 잊어서는 안 된다.

사드 배치 문제도 논의 초기에 명쾌한 논리로 중국의 양해를 정중히 구했다면, "한국은 사드 배치를 반대한다"는 기대감을 중국이 갖지 않았을 것이고, 사드 배치 발표에 배신감을 느끼지도 않았을 것이다. 사드 배치 문제는 조용히 처리할 군사 기밀 사항이다. 앞서 언급했듯이 '협상 여지가 없는 군사 보안 이슈non-negotiable confidential military issue'를 '협상 가능한 공개적 외교 이슈negotiable open diplomatic issue'로 잘못 정의한 결과, 중요한 군사 전략자산의 정확한 위치가 만천하에 노출되는 해프닝까지 벌어진 것이다.

동북아 안보 전략이 없는 한국

지난 3년은 일본이 태평양전쟁을 일으킨 전범 국가라는 오명을 벗고 미국의 당당한 군사 파트너로 부상한 격동의 시간이었다. 미국은 굴기하는 중국이 동남아 우방 국가들과 영토 분쟁을 일으키고 센카쿠(조어도) 열도를 두고 일본과 충돌하는 데 자극받아 아시아 복귀Asia Pivot를 선언하며 일본에 재무장을 요청했다. 이에 아베 일본 수상은 역대 일본 수상들과는 달리 미국의 아시아 안보체제 개편 구상에 적극 호응하는 한편, 이를 전범 국가라는 지위에서 탈출하는 기회로 활용했다. 아베 수상은 태평양전쟁 A급 전범의 유해가 안치되어 있는 야스쿠니 신사 참배를 강행하고, 일본군 태평양전쟁 전몰기념탑에 헌화하면서 태평양전쟁의 재해석을 시도하는 한편, 위안부 문제에 관해서도 종전의 일본 정부 입장인 '고노 담화'를 재검토하겠다는 입장을 취하며 한국 국민의 정서를 자극했다.

미국은 위안부 문제가 당사자끼리 해결할 문제라는 입장을 취하고 사실상 방관하며, 일본 재무장을 위한 국내법 개정 절차를 마친 뒤 미국을 국빈 방문한 아베 수상을 최고의 예우로 환대했다. 아베 수상은 일본 수상으로서는 최초로 미 상하원 합동회의에서 연설했는데, 연설 도중 태평양전쟁의 격전지인 이오지마(유황도) 전투에 참전한 로렌스 스노든Lawrence Snowden 예비역 중장(당시 해병대 대위)과 일본 수비군 사령관 구리바야시 다다미치栗林忠道 장군의 외손자인 신도 요시타카新藤義孝 전 총무대신이 서로 악수하고 포옹하는 상징적인 장면을 연출해 일본을 전범 국가에서 군사 파트너로 격상시키는 의식까지 치렀다.

일본의 재무장은 한·미·일 간의 문제인데도 불구하고 한국은 논의 과정에서 사실상 배제되었다. 그런데 이는 한국 스스로 참여하기를 거부한 것이나 마찬가지라고 볼 수도 있다. 일본과는 위안부 문제 등 역사 인식 문제를 두고 대립하며 대화 채널이 끊어졌고, 중국에 다가가는 모습을 보여 미국과도 관계가 서먹서먹해졌기 때문이다. 이처럼 우리가 우물쭈물하는 사이 미국과 일본은 일사천리로 일본군 재무장을 밀어붙였다. 그리고 이러한 과정에서 유사시 일본 자위대의 한반도 상륙 문제가 불거져 나왔다.

이쯤 되면 지나간 역사에 대한 문제보다 당장의 안보 위협이 중요하다는 인식을 갖고 일본 재무장 이후 한국이 동북아에서 차지하는 위상, 그리고 한 · 미 · 일 합동 군사작전에서의 역할 분담 등에 관해 미국, 일본과 치열한 논의를 해야 했다. 그러나 우리의 대책이라는 것은 '한국의 동의 없이 일본 자위대는 한반도에 진출할 수 없다'는 입장을 되풀이하는 게 전부였다.

지난 역사를 돌이켜보면 전쟁은 힘의 논리가 지배해왔다. 러일전쟁 당시 일본 육군 5만 명이 제물포와 진남포에 상륙하면서 조선의 허가를 사전에 얻었다는 기록은 어디에도 없다. 한국군의 전력이 일본 자위대를 압도하는 경우에는 우리의 사전 허가 장치가 충분히 작동할 것이다. 그러나 반대의 경우에는 유명무실할 수밖에 없다. 현재 일본 자위대가 보유한 군사 능력도 대단하지만, 재무장이 완료된 후에는 한국군보다 월등히 강력해질 것이라는 점은 일반 상식에 속한다.

역사 인식 문제, 중국과의 협력 강화라는 명제도 물론 중요하지만, 일본 재무장 문제를 미 · 일 간의 문제가 아닌 한 · 미 · 일 간의 문제로 만들고 논의에 적극 참여해 한국의 위상을 정립하는 데 국력을 집중해야 했다. 그리고 일본 자위대의 전력을 강화시키는 동시에 한국군의 전력도 동시에 강화시킬 것을 요구해 관철했어야 했다. 미국이 일본에는 판매하고 한국에는 팔지 않는 군사장비에 대해 이의를 제기하고, 미사일 사거리를 일본에 비해 짧게 허용하는 문제에 대해서도 이의를 제기해야 했으며, 또한 유사시 한국군과 일본 자위대 간의 공조체제에 대해서도 명확한 입장 정리가 있어야 했다. 정보 수집 능력에서 한국군보다 우위에 있는 일본 자위대와 합동작전을 하는 경우 정보 공유가 제대로 이루어지기 위한 지휘체계 수립 문제에 대해서도 세밀한 논의가 필요했다.

그러나 냉철한 이성을 유지하고 점검했어야 했던 수많은 일들을 우리는 하나도 하지 못한 채 일본의 입지만 강화되었다. 모름지기 흥분한 상대는 다루기 쉽기 마련이다. 생각해 보면 일본 재무장이라는 민감한 이슈를 앞에 두고 사드 배치 문제로 중국의 눈치를 보고, 한중 FTA를 서둘러 타결하는 것이 과연 옳은 선택이었는지 되짚어보게 된다. 한국군의 위상을 강화해주고 싶어도 한국이 중국에 다가가는 한 미국이 주저하게 되는 것은 당연하다. 한국이 아무런 전략도 없이 한중 경제협력에 치중하고 역사 인식 문제로 일본과 감정 싸움에 몰입한 결과가 앞으로 어떤 부작용을 낳을지 지켜보아야 한다.

차세대 전투기 사업과 관련해 미국이 말을 바꿔 핵심기술 이전에 소극적인 것도 한국이 중국에 다가가는 모습에 불안감을 느꼈기 때문일 수 있다. 한국군의 주요 무기체계가 모두 미국산인데 공중 급유기만 굳이 유럽의 에어버스로부터 구입해야 하는 이유를 미국이 이해해주기를 바라는 것은 무리이다. 우리의 안보를 책임지고 있는 미국의 심기를 자극해서 우리의 국방력에 보탬이 될 것은 없다.

만약 군사적인 측면에서 얻을 게 없다면 한미원자력협정 개정 협상에서 일본과 같이 저농축 우라늄 생산과 재처리를 허용해줄 것을 요청할 수도 있었다. 즉, 일본 재무장을 흔쾌히 동의하면서 '한국 국민에게도 미국이 선물을 주어야 국민적 불안감 해소가 가능하고 미국의 새로운 동북아 안보전략에 적극 호응할 수 있다'고 미국을 설득했으면 가능할 수도 있었다. 2008년 금융위기 극복에 큰 힘이 되었던 통화스왑과 관련해서도 보다 전향적인 조치로 무제한 통화스왑 대상국가에 한국을 포함시켜줄 것을 요청할 수도 있었다. 그러나 일본과 각을 세우고 중국에 다가가는 모습을 보이는 한, 미국이 한국에 어떤 호의적 조치도 고려하기 어려운 게 현실이다. 결과적으로 한국은 아무것도 얻은 것 없이 일본 재무장 문제가 미 · 일 간에 일단락되었다는 것은 두고두고 아쉬운 상황이 아닐 수 없다.

국제 관계에는 우리가 '통제할 수 있는 변수controllable variable'와 '통제가 어려운 변수uncontrollable variable'가 공존한다. 일본 재무장은 한국의 의견과 관계없이 진행되는 통제 불능 변수이다. 따라서 주어진 조건으로 보고, 그 틀 안에서 한국이 얻어 가질 수 있는 것을 챙겨야 했는데 엉뚱한 곳에 신경을 집중함으로써 정작 국력을 집중해야 할 곳은 방치하는 전략적 실수를 범하고 말았다. 두고두고 타산지석으로 삼아야 할 것이다.

과대 선전은 국제 부메랑이 된다

한국은 경제 대국이고 스포츠 강국이다. 하지만 세계 무대에서의 발언권은 그리 크지 않은 게 현실이다. 눈부신 발전에도 불구하고 국제 사회에서의 발언권은 눈에 드러나지 않는 힘의 역학 관계에 따라 정해지기 때문이다. 여전히 한국은 군사력에 있어 열세에 있으며, 세계 무대는 유럽 중심의 지배체제 하에 있다. 월드뱅크와 IMF 이사회 멤버의 면면을 보면 이는 보다 명확해진다. 스위스, 벨기에 같은 유럽의 소국이 이사회의 고정 멤버인 반면, 우리는 호주와 번갈아 이사직을 맡고 있다. 이것도 불과 최근의 일이다. 그전에는 호주가 두 번, 뉴질랜드가 한 번 하고 난 뒤 한국에게 기회가 주어지는 순환보직 구조였으며, 1989년까지는 이사직을 호주와 뉴질랜드가 주고받았다.

이렇듯 한국의 국제적 위상이 취약함에도 불구하고 우리 정책 당국은 경솔하고 무모한 발언들을 남발해 국민들에게 마치 한국이 강국이라도 된 듯 착각케 하고 있다. 예를 들어 과학기술 담당 부처가 그간에 발표한 기술발전계획이 모두 실천됐다면 우리의 기술 수준은 이미 G7을 넘어섰어야 한다. 한때 "2000년대 들어서면 영국을 제치고 G7 국가가 된다"는 청사진을 발표한 적도 있었다. 내용 자체도 정신없는 헛소리였지만 굳이 영국을 제친다는 얘기를 하는 바람에 영국의 반감을 산 건 두고두고 비난받아 마땅한 아마추어리즘이 아닐 수 없다. 실제로 황당한 발표가 있은 직후에 영란은행을 방문해 자료를 요청했던 필자는 담당자에게서 "우리는 이 제도를 300년 가까이 가꾸어 왔다. 한국에는 어울리지 않는다"며 자료 제공을 거절당한 적도 있었다. 처음에는 몹시 화가 났지만 이해가 갔다. 벼락부자가 된 아시아의 촌놈이 해가 지지 않던 나라의 자존심을 건드렸으니 얼마나 속으로 분노했을까?

'잘못은 용서받을 수 있지만 모욕은 결코 용서받을 수 없다'는 말처럼 자존심에 상처를 입은 영국은 이후에도 한국에 우호적이지 않았다. 외환위기가 한창이고 IMF의 지원 패키지가 작동하고 있던 시기에 영국의 재무장관이 한국을 방문한 적이 있었다. 당시는 미처 생각하지 못했지만 바쁜 영국 재무장관이 큰 현안도 없이 한국을 방문한 의도를 지금은 추측할 수 있게 되었는데, 한국을 도우러 왔다기보다는 영국을 넘보더니 꼴좋게 됐다는 일종의 시위를 한 셈이었을 것이다. 자존심에 상처 입었던 영국 국민들에게 통쾌감을 선사하고 한국 국민들에게도 일종의 경고장을 날린 것이라 할 수 있다.

특히 영국의 〈파이낸셜 타임스〉는 1997년 외환위기가 일어나기 직전 한국의 외환보유고가 부실하다는 내용의 폭로 기사를 써서 한국이 IMF로 갈 수밖에 없도록 결정타를 가한 바 있다. 김대중 전 대통령이 당선자 신분으로 IMF 패키지 재협상 가능성을 언급했을 때는 사설에서 한국을 집안이 망한 거지로 비유하며 '거지에게는 선택권이 없다 Beggars can not choose'며 비아냥대기까지 했다. 아마도 통쾌했을 것이다. 감히 하룻강아지 범 무서운 줄 모르고 덤볐다가 우스운 꼴이 되었으니 말이다. 실제로 〈파이낸셜 타임스〉는 지금까지도 한국 경제와 관련하여 부정적 태도를 유지하고 있다. 2008년 리먼 브라더스 위기 때도 영국의 위기는 제쳐두고 마치 한국이 곧 무너지리라는 식의 기사를 실어 빈축을 사면서도 한국 때리기를 멈추지 않았는데, 이를 보면 말로 진 천 냥 빚을 청산하기가 쉽지 않음을 알 수 있다. 한국 정부가 국제 관례에 어긋난 발표를 함으로써, 또 발표대로 실천했으면 몰라도 그렇게 되지도 않은 상태에서 영국을 척지게 된 것은 유감스러운 일이 아닐 수 없다.

그럼에도 정부의 과대 선전은 여전히 계속되고 있다. 일례로 헤리티지 재단의 아시아센터에서 간담회를 하던 도중 아시아센터소장인 월터 로만Walter Lohman이 한국의 방위산업에 대해 언급한 적이 있다. 직전에 인도네시아 출장을 다녀왔는데 인도네시아가 한국산 초음속 전투기(T-50)를 구입한 것을 보고는 한국이 이제 군수산업, 특히 항공우주산업 분야에서 미국과 경쟁을 하게 되었으니 한국의 공격적인 마케팅에 제동을 걸어야 할 필요가 있다는 것이었다.

깜짝 놀란 필자가 T-50은 한국과 미국의 산업협력으로 탄생한 전투기라고 설명했지만, 로만 소장은 인도네시아 관리들도 한국산 전투기라고 설명했고 인터넷 뉴스를 보아도 한국 정부가 'Korean-made' 라고 하는데 그게 어떻게 산업협력의 결과물이 되느냐고 반박을 했다. 이에 대해 T-50은 한국항공우주산업KAI 상표를 달고는 있지만 록히드 마틴의 엔진과 주요 부품을 한국에서 조립 · 생산한 것이기 때문에 부가가치 구성비율 측면에서 보면 미국산이나 마찬가지이고, 미국의 기술과 한국의 제조 능력이 결합되어 시너지 효과를 발휘하는 한미산업협력의 모델이라고 자세히 설명을 해야 했다. 그래도 믿기지 않는다는 표정을 짓기에 결국에는 KAI를 방문하도록 주선까지 했는데, 실제로 로만 소장은 KAI를 방문하고 돌아와서야 만족스런 표정을 지으며 T-50과 같은 산업협력모델이 계속 발전되었으면 좋겠다는 의견을 말한 바 있다.

미국이나 한국이나 일단 정치권의 공격 대상이 되면 피곤해질 뿐만 아니라 공이 어디로 튈지 알 수가 없다. 원래 제기했던 문제가 해소되기도 쉽지 않지만 해소되어도 결국 다른 공격 포인트로 옮겨갈 가능성이 높다. 문제를 제기했던 입장에서는 체면 유지를 위해서라도 조용히 물러나기 어려운데, 이는 미국이나 한국이나 별반 차이가 없기 때문이다. 로만 소장은 만약 공화당 정부가 들어선다면 고위직에 기용될 가능성이 높은 유력인사이다. 이런 인사에게 사실과 다른 잘못된 정보를 제공해 KAI나 록히드 마틴이 곤란한 상황에 처하게 된다면 어느 누구에게도 도움이 되지 않는다. 실제로 T-50이 순수 국산 전투기라고 하더라도 우리가 경쟁력을 가질 때까지는 조심스럽게 자세를 낮추어야 하는데, 어리석게도 과대 선전으로 다른 나라의 견제를 스스로 불러들이는 모양새인 것이다.

모름지기 정부의 기본 자세는 신중함을 견지하는 것이다. 공명심에 들떠 '치고 나가서 어젠다를 선점한다'는 식으로 신중하지 못한 발언을 남발하거나 언론을 의식해 국제회의가 있을 때 IMF 총재, 월드뱅크 총재, 미국 장관 등의 저명인사 근처에서 무리한 제스처를 연출하는 것은 에티켓에 어긋날 뿐만 아니라 촌스럽기 그지없는 일이다. 이제 그런 장면을 보고 한국의 위상이 높아져 세계적으로 영향력이 있다고 생각할 정도로 국민들은 어리석지 않다. 설사 그리 믿는 이들이 있더라도 사실과 다른 환상을 심어주는 것은 결코 바람직하지 못하다.

'최초의 국산 전투기', '이제는 한국도 항공우주산업 강국 반열에'라고 자랑하는 우리의 항공우주산업 기술은 일본이 1940년에 개발한 제로센 전투기도 아직 혼자서 못 만드는 수준이다. 이제 홍보도 사실에 입각하여 세련되고 진정성 있게 해야 한다. 세계 속에서 한국의 목소리는 여전히 작을 뿐이다. 그리고 한국의 목소리가 커지는 데는 많은 노력과 시간이 필요하다. 일단 튀겨놓고 보는 저급한 아마추어리즘은 많은 부작용을 부를 뿐이며, 종국에는 정권의 업적까지 덮어버리게 된다는 사실을 명심해야 한다.

환율은 국가 대전략의 중요한 축이다[20]

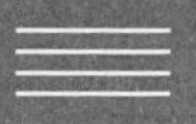

현재 한국 경제가 가장 두려워하는 것은 무엇일까? 여러 가지가 있겠지만 일본의 '잃어버린 20년'이 한국에서 재연되는 것도 그중에 하나일 것이다. 소위 잘나가던 일본 경제가 침체되기 시작한 이유에 대해서는 다양한 관측이 존재하는데, 일반적으로는 1985년 플라자합의에 따른 엔화 가치 급등이 시발점이 되었다는 관측이 지배적이다. 금리 인하와 내수 확대정책이 엄청난 거품을 만들었고, 꿈같은 거품이 꺼진 후 끝을 알 수 없는 고통스러운 장기 침체가 지금까지 이어지고 있

20 〈월간중앙〉에 기고한 '환율주권론자 최중경 전 지식경제부 장관의 고언'(2015.7.17)과 '최중경 전 지식경제부장관의 한국 경제 위기 해법'(2016.03.17)을 수정 · 보완하였음을 밝힌다.

다는 것이다. 아베 수상이 아베노믹스에 집착하는 이유 역시 환율정책이 경제를 살릴 수 있는 중요한 열쇠이기 때문이다.

먼델-플레밍 모형Mundell-Fleming Model[21]에 따르면 소규모 개방경제Small Open Economy에서는 자본의 국경 간 이동이 자유롭기 때문에 통화정책이 유효하지 않은데, 일본의 장기 침체도 결국 먼델-플레밍 모형의 연장선상에 있다. 소규모 개방경제이면서 복지 확대의 길을 걷는 한국 역시 재정에 여유가 없기 때문에 재정정책을 펼 정책 공간이 거의 없어 환율이 유일한 거시경제의 정책 변수이다. 경제 운용의 성과가 환율정책의 성패에 크게 좌우된다는 뜻이다. 따라서 환율정책은 국가 대전략의 한 축이라고 할 수 있다.

현시점에서 우리에게 필요한 것은 지나간 환율정책에 대한 반성과 앞으로의 정책 방향 모색이다. 환율정책에 있어 구조적으로 심각한 문제는 잘못된 정책 처방에 대한 반성이 없는 탓에 주기적으로 같은 패턴의 실패가 반복되어 왔다는 점이다. 눈앞의 이익을 추구하는 정치 논리에 의해 '1인당 국민소득'이 정치적 목표가 되는 순간 경제 위기는 어김없이 찾아왔다. 실제로 1997년 외환위기는 '국민소득 1만 달러 달성'이라는 청사진이 배경이었다. 국민소득 1만 달러

21 먼델-플레밍 모형은 1960년대 로버트 먼델(Robert Alexander Mundell)과 마커스 플레밍(Marcus Fleming)의 논문에 기반한 소규모 개방경제 모형이다. 소규모 개방 경제는 '독자적으로 금리 수준을 결정할 수 없는 경제'를 의미하며, 미국, EU와 개방이 미진한 중국을 제외한 거의 모든 나라의 경제가 소규모 개방 경제로 분류된다.

달성을 위해 환율정책을 포기하다시피 하고 '생산성 10퍼센트 향상'이라는 비현실적인 정책을 선택하였기 때문이다. 그리고 2008년 위기는 대외 요인 외에도 국민소득 2만 달러 달성을 의식해 시장 참여자들에게 환율정책을 사실상 포기한 듯한 태도를 취함으로써 비롯되었다.

소규모 개방 경제인 한국의 경우 외환위기 가능성이 상시 노출되어 있기 때문에 기축통화국인 미국의 협조가 필수적이다. 2008년 위기 극복이 미국과의 통화스왑currency swap을 통해 이루어졌다는 점을 잊으면 안 된다. 한일 통화스왑, 한중 통화스왑도 위기 때 큰 힘을 보탤 수 있다. 대외 부문이 과거에 비해 튼튼해진 건 사실이지만 자신감은 아직 이르다. 2004~2006년 대외 부문 악화 현상을 살펴보면 대외 부문의 기본 속성이 민감하고 불안정함을 알 수 있다. 환율이 정상 궤도를 이탈하면 대외 부문의 건전성은 급속히 악화된다. 앞으로 밀려올 파도의 높이가 예전 수준에 머무르리란 보장이 없기 때문에 외환보유고도 가급적 충분히 확보하는 것이 좋다. 실제로 국제결제은행BIS, Bank for International Settlements 기준에 의한 외환보유고 수준에 미달하고 있는 점도 감안되어야 한다.

그런데 든든한 우군이 되어야 할 미국의 최근 행보가 이상하다. 유독 한국의 환율정책에 예민한 자세를 보이고 있는 것이다. 미 재무부는 한국을 포함한 몇몇 국가들의 환율 저평가와 무역 불균형 문제를 지적하고 있다. 도널드 트럼프 공화당 대통령 후보가 중국의 환율조작 문제를 언급하는 것 역시 대통령 선거를 앞두고 무역수지 적자가 '경제 이슈'가 아닌 '정치 이슈'로 변모했기 때문이다.

미국은 BHC Bennet-Hatch-Carper 수정법안을 통해 환율조작국을 지정하고 무역 보복을 할 수 있는 기반을 마련했는데, 최근 미국에서 이어지고 있는 대선 후보들의 한국 때리기 발언들을 생각하면 속죄양으로 한국이 지목될 가능성이 높아 걱정이다. 또한 아베노믹스가 미국의 동아시아 안보전략의 부산물이며 일본 경제 부흥의 걸림돌 중 하나가 한국 산업과의 경쟁이라는 점을 고려한다면, 아베노믹스를 밀어주는 숨은 목표 때문에 한국이 속죄양이 될 가능성은 더욱 커진다. 그렇기 때문에 속죄양이 되지 않기 위해 정부 당국은 최선의 노력을 기울여야 한다. 가능한 한 모든 채널을 동원해 미국 정부, 의회, 싱크탱크에 이르기까지 전방위적인 노력이 필요하다. 특히 한국의 환율 문제에 늘 공격적인 입장을 취하는 피터슨연구소 PIIE, Peterson Institute for International Economics와 심도 깊은 대화를 할 필요가 있다.

필자는 공직 기간 중 확고한 환율정책을 추진하면서 우리나라의 환율정책으로 심대한 손해를 본 뉴욕의 외환 투기꾼들로부터 '최틀러'라는 별명을 얻은 바 있다. 물론 환율정책의 시행과 효과가 2~3년의 시차를 두고 발생하다 보니 시행 시점에는 많은 비난이 쏟아졌고 개인적으로 부침도 있었다. 그러나 2003년 파생시장 개입을 통해 확보한 달러매수권은 2008년 위기 극복의 원동력이 되었다. 반면 2004년 국회가 환율정책을 문제 삼아 외환 당국의 손발을 묶은 것이 2008

년 위기의 단초가 되었다.

독설로 유명한 쇼펜하우어는 "모든 진실은 세 가지 과정을 거친다. 첫째, 조롱당한다. 둘째, 심한 반대에 부딪친다. 셋째, 자명한 진실로 받아들여진다"고 말했다. 우리가 진정한 선진국이 되려면 전문성과 장기적인 안목으로 환율정책을 추진하고 평가해야 할 것이다.

국가 간 산업협력의 구심점을 만들자

중동 산유국들의 공통적인 관심 사항은 무엇일까? 바로 석유 고갈 이후의 대비책이다. 석유산업 일변도인 산업구조를 다변화하는 데 국운을 걸고 있는 것도 이런 이유인데, 다변화의 첫 단계로 시도하고 있는 것이 석유화학산업 진출이다. 유전지대에 석유화학공장을 건설하게 되면 물류비가 절감되는데다 원료 구입에 따른 마진 부담도 없어 경쟁력이 높기 때문이다. 문제는 모든 중동 산유국들이 석유화학산업에 뛰어들 경우다. 그러면 공급 과잉에 따른 부작용이 생기기 때문에 석유화학을 넘어선 다변화가 중요한 과제가 되는 것이다.

2011년 아부다비를 방문했을 때의 일이다. 아부다비의 행정을 책임지고 있는 왕세자가 이명박 전 대통령과 장관급 수행원들을 왕가의 고향 마을에 초청해 만찬을 베풀었다. 별무리가 가득한 사막의 밤을 모닥불로 밝히며 양고기, 낙타고기 등을 구워서 권하는 아랍 특유의 손님 접대가 정겨운 분위기를 연출했는데, 그 자리에서 왕세자는 한국과 100년 넘게 가는 우호관계를 형성하기를 희망하며 아부다비가 산업구조를 다변화하는 데 한국이 적극적인 역할을 해줄 것을 요청했다. 또한 아부다비 국부펀드가 한국 산업에 적극 투자할 뜻이 있음을 피력하며 한국 대기업과의 협력 추진을 도와달라고까지 했다. 왕가의 고향 마을에까지 초대를 하는 마음 씀씀이 때문이었을까. "아부다비 어린이들과 한국의 어린이들이 같이 자라고 배우면서 미래에도 긴밀한 협력을 모색하자"던 왕세자의 말에서 진정성이 느껴졌는데, 이명박 전 대통령 역시 흔쾌히 협력하겠다고 약속을 했다. 아부다비에 한국 학교를 지으라고 금싸라기 땅을 무상 제공하기도 한 아부다비와 한국의 파트너십은 그렇게 무르익어갔다.

그런데 5년이 지난 현시점에서 아부다비가 중국으로 방향을 틀고 있는 것이 목격된다. 중국과 100억 불 규모의 산업협력펀드를 조성하기로 합의한 것이다. 중국이 AIIB(아시아인프라투자은행)을 설립하고 일대일로One Belt One Road 정책을 통해 유라시아 물류체계 정비를 내세우자 여기에 사업 기회가 있다고 판단했다는 것이 현지의 관측이다. 실제로 아부다비 학생들이 중국으로 연수를 가는 등 중국으로 관심을 돌리는 모습들도 보인다. 욱일승천하는 중국 경제를 볼 때 어찌 보면 자연스런 현상이라고 할 수 있는데, 중국 당국의 대응도 심려원모深慮

遠謀[22] 그 자체다. 연수를 온 아부다비 학생들에게 중국 고위층 자제와 교류할 수 있는 기회를 제공했다는 것이다. 그야말로 멀리 보고 투자하는 중국의 모습이다.

반면 한국의 대기업들은 아부다비에 큰 관심을 보이지 않았다는 후문이다. 한국 정부의 태도도 미온적이어서 아부다비의 한국에 대한 관심은 크게 떨어진 상태라고 한다. 물론 이렇게 된 데에 책임이 한국 측에만 있다고 단정 지을 수는 없다. 사업성을 면밀히 타진한 결과 아부다비가 제시한 산업협력 투자 조건이 좋지 않아서 대기업의 관심을 끌지 못했을 가능성도 있다. 그럼에도 원자력 발전소 수출을 계기로 급격히 가까워졌던 아부다비가 우리와 계속 좋은 관계를 유지하도록 관리하지 못한 것은 너무나 아쉽다.

게다가 아부다비 관계자들의 말에 따르면, 한국과 협력을 하고 싶어도 현실적으로 매우 어렵다는 불만을 털어놓는다고 한다. 우선 정부의 어떤 부서와 얘기해야 하는지도 불분명하고, 일단 원칙에 합의하고 MOU(양해각서)를 주고받는 데까지는 문제가 없는데 그 이후의 실행 과정이 공중에 뜨는 경우가 많다는 것이다. 5년 단임 정부이다 보니 고위급 채널이 너무 자주 바뀌고 실무진인 국 · 과장들의 교체도 잦아 추진 동력이 떨어지는 것이 당연하다. 전임자가 해놓은 것을 계속 추진하기보다는 본인의 관심사항에 매달리는 것이 인지상정이기

22 깊이 고려하는 사고와 멀리까지 내다보는 생각

때문이다.

대기업의 경우는 더 심하다. CEO와 고위 임원들은 한해살이 인생이기 때문에 장기적인 안목에서 일을 추진하기가 매우 어렵다. 매년 말에 자리를 보전할 수 있을지 여부에 촉각을 세우는 입장에서 당장의 이익이나 실적이 오르지 않는 장기 프로젝트가 눈에 들어올 리가 없는 것이다. 대기업 CEO의 임기를 10년 이상으로 보장하지 않는 한 장기적인 관점의 경영은 불가능해지고 산업 경쟁력은 결국 바닥을 드러낼 것이다. 아부다비뿐 아니다. 많은 개발도상국들이 한국의 산업화 과정을 배우고 한국과의 산업협력을 희망하고 있다. 그러나 어디와, 누구와 얘기를 해야 하는지 알 수가 없다는 불평이 존재한다.

이런 문제는 한국국제협력단KOICA이나 수출입은행이 해결할 수도 없고, 기업 차원에서 해결할 수 있는 문제도 아니다. 따라서 새로운 대응시스템을 만들어야 한다. 정부 보직의 순환, 대기업 CEO의 단명에서 오는 문제를 해결하기 위해서는 전경련, 상공회의소, 중소기업중앙회와 산업통상자원부가 반관반민半官半民 형태의 해외개발투자공사를 설립하여 관심 있는 기업들이 주주로 참여하는 방안을 생각해볼 수도 있다. 이렇게 되면 의사 결정 주체들의 단명에 따른 문제도 해결되고 투자 의사 결정에 따른 위험도 분산되는 장점이 있다. 대기업들이 투자할 때 해외개발투자공사가 파트너로 참여하는 방안도 고려될 수 있을 것이다.

그동안 우리는 외국인 투자를 국내에 유치하는 방향에 주로 관심을 쏟았지만, 이제는 해외로 투자하는 방향에도 같은 수준의 관심을 쏟아야 한다. 중동 산유국들과 제3국에 공동 투자를 하거나 개발도상국 정부와 합작투자법인을 만들어 다양한 분야에서 많은 기회를 가질 수 있다. 그럼에도 불구하고 현행 시스템으로는 추진이 어렵다는 현실을 무겁게 받아들이고 어떤 형태로든지 현상을 타개할 노력이 필요하다.

우리는 이미 산업기술 측면에서도 중국에 추격당하고 있으며, 특히 공산당 일당 독재체제로 시원시원하게 이루어지는 중국의 의사 결정 구조 때문에 기회를 빼앗길 가능성이 크다. 한국의 관료 조직은 50년 전이나 지금이나 기본적으로 변한 것이 없다. 50년 전의 한국은 고객이 국민뿐인 정부를 유지해도 무방했다. 그러나 지금은 외국인도 고객인 시대이다. 고객의 구성에 맞추어 정부의 관료 조직도 바뀌야만 하는 것이다. 고객 지향형 체제로 관료 조직을 정비하고 민간 부문도 바뀌어야 할 때이다.

국가 대전략 사례 1: 전략의 부재가 가져온 카르타고의 멸망

Grand Strategy, 즉 국가 대전략을 간단히 정의하기는 쉽지 않다. 그러나 국가의 존속과 발전을 위해 어떤 선택을 할 것인가, 특히 군사, 외교 차원의 선택을 의미한다고 보면 크게 틀리지 않다. 예를 들어 태평양전쟁을 일으킬 것인가 말 것인가에 대한 문제는 일본 제국의 흥망과 관계된 선택이기에 태평양전쟁과 관련한 일본 지도부의 결정은 국가 대전략에 속한다 할 수 있다.

일본 제국의 수뇌부는 태평양전쟁을 일으키고자 선택을 하면서 두 가지 큰 전제를 했다. 첫째는 유럽에서 나치 독일이 승리한다는 전제였고, 둘째는 미국은 전쟁을 원하지 않기 때문에 초반에 기선을 제압하면 강화를 요청할 것이라는 전제였다. 그런데 일본 해군의 정신적

지주였던 야마모토 이소로쿠山本五十六 제독은 태평양전쟁에 반대했었다. 주미 일본 대사관 무관으로 근무하며 미국의 엄청난 산업 역량에 대해 정확히 파악하고 있어 일본이 미국의 적수가 되지 못한다는 것을 잘 알고 있었기 때문이다. 실제로 일본의 산업 역량은 미국에 크게 뒤처져 있었다. 일례로 태평양전쟁 기간 중 미군 전투기의 엔진 용량은 두 차례에 걸쳐 업그레이드되었지만 일본은 단 한 차례도 실행되지 못했다. 그러다 보니 전쟁 초기에 압도적 우위를 보였던 일본의 제로센 전투기가 전쟁 말기에는 미군 전투기의 손쉬운 제물로 전락하고 말았다. 제2차 세계대전에서 미국이 승리할 수 있었던 원동력이 방대한 산업 역량 때문이었다는 사실은 아서 허먼Arthur Herman의 저서 《Freedom's Forge》에 잘 나타나 있다. 야마모토 제독은 두 가지 전제가 실현될 수 있다는 대본영의 끈질긴 설득에 마지못해 태평양전쟁에 나섰지만, 전제들이 모두 무너지면서 일본은 두 지방 도시가 원자폭탄으로 완전히 사라지는 참혹한 패배를 감수해야 했다. 야마모토 제독 본인도 비행기를 타고 이동하던 중에 일본군의 암호를 컴퓨터로 해독한 미군 지휘부가 보낸 전투기의 공격을 받고 목숨을 잃고 말았다. 국가 대전략 설계가 잘못된 대가는 혹독한 것이다.

국가 대전략이 잘못 설계되어도 큰 대가를 지불하지만 국가 대전략이 없는 것 역시 큰 재앙을 부르게 된다. 국가 대전략의 잘못된 설계와 부재로 민족의 명운이 다한 사례를 역사에서 다양하게 찾아볼 수 있는데, 세계 지도에서 영원히 사라진 카르타고도 그중의 한 예이다.

기원전 6세기부터 무역 대국으로 성장한 카르타고는 지중해의 무역 패권을 놓고 로마와 세 차례의 큰 전쟁(포에니전쟁)을 치렀다. 특히 제2차 포에니전쟁은 알프스를 넘어 코끼리를 전투에 활용하는 교묘한 전략으로 로마를 곤경에 빠뜨린 한니발Hannibal Barca 장군의 이야기로도 잘 알려져 있다. 제2차 포에니전쟁 초기 한니발 장군은 로마 일원을 제외한 이탈리아 반도를 석권하고 칸네에서 로마군 주력 8만 명을 전멸시킬 수 있었다. 그리고 아무런 지원도 해주지 않는 카르타고 본국 정부의 냉담한 태도를 감안할 때 전쟁을 길게 끌고 가는 것이 절대적으로 불리한 상황이었으므로 그때 강화를 맺어 로마의 활동 범위를 적정한 선에서 한계 지우고 전쟁을 끝냈어야 했다. 그러나 《전쟁론Vom Kriege》을 집필한 클라우제비츠Karl von Clausewitz의 지적처럼 한니발 장군은 전쟁을 종식시킬 최적의 순간인 '승리의 한계 정점Culminating point of victory'을 인식하지 못하고 때를 놓쳐 결국 패배하고 말았다.

한니발 장군은 로마를 멸망시킨다는 목표에 집착한 나머지 전쟁 수행 상황을 점검하고 전략을 수정해야 할 책무를 소홀히 했다. 카르타고 본국 정부가 보급품과 보충 병력을 보내지 않은 것도 국가 대전략 부재를 드러낸 것이었다. 지원하지 않을 것이면 강화조약을 맺도록 한니발에게 명령했어야 했다. 시간이 흐르며 한니발 장군과 병사들은 피로도가 누적돼 전투력이 급격히 떨어졌고, 결국에는 로마를 공격할 엄두도 못 내고 있었다. 그 사이에 로마군은 카르타고의 식민지인 스페인을 기습 점령하고, 한니발 장군이 이탈리아에 주둔하고 있는 틈을 타 카르타고 본국을 공격하는 과감한 전략을 구사했다. 결국 카르타고는 스스로 무너지고 말았다.

제3차 포에니전쟁은 카르타고가 스스로 불러들인 재앙이었다. 제2차 포에니전쟁 패배로 로마에게 지급해야 할 막대한 전쟁 배상금이 있었는데, 매년 할부로 지급하게 되어 있던 이 배상금을 한꺼번에 갚아버린 것이다. 이 사건은 카르타고인의 자존심을 충족시켜주었는지는 모르지만 로마에게 큰 경계심을 불러일으키게 된다. 카르타고를 그냥 두어서는 안 된다고 생각한 로마는 야비하고 교묘한 함정을 파서 카르타고를 유인한다. 제2차 포에니전쟁 종료를 위한 강화조약 내용에는 카르타고 군대가 국경을 넘어 전쟁을 할 수 없다는 조항이 있었는데, 로마가 이를 활용해 카르타고의 이웃 국가를 부추겨 카르타고를 공격하도록 한 것이다. 처음에는 자제하던 카르타고는 결국 참지 못하고 국경을 넘었고, 이를 구실로 로마의 대군이 카르타고에 쳐들어왔다. 로마의 목표는 분명했다. 카르타고를 지도에서 지워 없애는 것이었다.

카르타고는 이 절체절명의 순간에도 또 국가 대전략 부재를 드러냈다. 주전파主戰派와 주화파主和派가 대립한 것이다. 전후좌우를 따져보면 로마의 의도가 분명했음에도 주도권을 잡은 얼치기 주화파가 로마와 강화조약을 맺으려 했는데, 로마의 조건은 모든 무기를 먼저 로마군에게 양도하는 것이었다. 로마군은 카르타고가 무기를 모두 내어주자 강화조약을 맺는 대신 총공격에 나섰다. 이에 주전파가 다시 힘을 얻었지만 이미 10만 명이 무장할 수 있는 무기를 로마군에게 내준 이후였다. 당시 로마군의 지휘관은 내심 크게 놀랐다고 한다. 카르타고의 무기 수준이 매우 높을 뿐 아니라 수량도 상당했기 때문이다. 결국 주전파는 주화파를 모두 처형하고 맨손으로 로마군과 싸우다 전원 옥쇄하였고, 지하실에서 발견된 노인과 어린이들은 국외로 추방되었다. 카르타고 시를 불태우고 완전히 파괴한 로마군은 땅에 소금까지 뿌려 다시는 사람이 살지 못하는 곳으로 만들었다고 한다. 카르타고 지배 세력의 국가 대전략 부재가 민족의 멸망을 부른 것이다.

카르타고는 힘을 숨기며 미래를 위해 보다 확실한 국방 능력을 배양했어야 했다. 로마군이 쳐들어왔을 때도 의도를 간파하고 처음부터 죽음을 각오하고 싸웠다면 승리했을 것이다. 로마군 지휘관이 깜짝 놀랄 만큼의 무기를 갖추고 있었으니 말이다.

카르타고가 구체적인 목표를 세우고 목표를 달성하기 위해 치밀한 전략을 세웠다면 승리의 순간에 도취되어 필요한 조치를 망각하지 않았을 테고, 위기의 순간에 내분으로 무기를 넘기는 어이없는 결정을 내리지도 않았을 것이다. 그러나 국가 대전략의 부재는 카르타고가 나아가야 할 방향을 분명히 제시하지 못했고, 그 결과 카르타고는 역사에서 사라졌다. 국가 대전략이란 이처럼 중요한 것이다.

국가 대전략 사례 2: 전쟁의 신神 나폴레옹의 몰락

나폴레옹 1세의 프랑스 제국도 국가 대전략 실패 사례로 기록될 만하다. 영국과 러시아를 제외한 전 유럽을 석권한 프랑스는 러시아가 대륙봉쇄령을 어기고 영국과 교역한 것을 문제 삼아 1812년 러시아를 침공하게 된다. 산업혁명의 선두주자이자 세계 최강의 해군력을 보유한 영국과 광활한 국토를 자랑하는 러시아를 동시에 상대하기에 프랑스의 국력이 모자란다는 점을 간과하는 전략적 실수를 범한 것이다.

이미 프랑스는 1805년에 영국과 세계 4대 해전에 포함될 정도로 유명한 트라팔가 해전을 치른 바 있었다. 카디츠 서쪽에서 벌어진 이 전투에서 프랑스-스페인 연합함대는 심각한 피해를 입은 반면 영국

함대는 거의 손실을 보지 않았다. 트라팔가 해전에서 완패함에 따라 나폴레옹의 영국 침략은 완전히 실패하고 말았고, 영국은 지중해를 보다 확실히 지배할 수 있었다.

만약 나폴레옹이 트라팔가 해전의 참패를 교훈 삼아 영국의 해군력과 산업 능력을 인정하고 잠시 공존하는 정책을 채택한 뒤 시간을 두고 영국의 힘을 서서히 빼는 전략을 취했다면 어땠을까? 무리하게 대륙봉쇄령을 내릴 이유도, 영국과 러시아를 동시에 상대하는 버거운 전쟁을 치를 이유도 없었을 것이다. '해가 지지 않는 나라' 영국은 해외에 거대한 식민지를 경영하고 있는 산업혁명의 선두주자로 막강한 기계 산업을 통한 생산 능력을 보유하고 있었다. 따라서 영국을 상대로 전쟁을 치른다는 것은 길게 볼 때 승산이 없었다. 특히 해군력의 열세를 감안하면 섬나라 영국에 대한 전략은 보다 현실적인 수준에서 조정되었어야 했다.

1815년에 재기를 노리던 나폴레옹 1세가 워털루 전투에서 영국군에게 패한 것도 여러 가지 이유가 있지만 기본적으로 영국이 산업기술에서 앞서 있었기 때문이다. 실전 경험이 부족하고 훈련 상태가 떨어지는 영국군이 세계 최강 프랑스 육군과 정면 대결해서도 밀리지 않았던 이유는 수많은 쇠구슬이 터져 나오는 '산탄 대포Canister Fire Gun'라는 신무기로 무장한 영국군 포병대의 살상 능력이 압도적이었기 때문이다.

천재성과 치밀한 전략으로 전쟁의 신神이라고까지 불리던 나폴레옹이 러시아에서 실패를 거둔 것은 러시아가 정면 대결을 피하면서 지연·거부 작전을 통해 프랑스군이 스스로 무너지도록 유도하는 변칙 전술을 구사했기 때문이다. 나폴레옹은 러시아를 침공하기 전에 최신 정보를 수집하고 세심한 조사를 거쳐 작전 계획을 수립했었다. 심지어 1790년 스웨덴의 카를 12세가 러시아를 침공한 기록을 살펴 러시아의 청야작전淸野作戰[23]에 대한 대비책도 마련하였다. 그럼에도 불구하고 예상을 뛰어넘는 청야작전에 황폐해진 대지와 텅 빈 도시는 말에게 먹일 풀조차 부족케 했고, 전투도 치르기 전에 기병대 전력이 결딴나고 말았다. 기병의 기동력과 포병의 화력을 최대한 활용하는 나폴레옹의 전술이 절름발이가 된 것이다. 알맹이 없는 협상을 통한 지연 작전, 식량 현지 조달 불가, 전면전이 없는 게릴라성 공격, 죽음에 이르게 하는 동장군으로 동사자와 아사자, 병사자가 속출하는 참혹한 상황에 빠진 60만 대군은 결국 몰살이라는 참패를 당했고, 프랑스 제국 역시 몰락하고 말았다. 유연성과 세밀함이 잘 조화되어 최고의 작품이라고 칭송받던 나폴레옹의 조직적인 전략은 정상적인 전장에서는 효력을 발휘했지만 러시아의 변칙적인 지연·거부 작전에 말려들어 힘을 쓰지 못했고, 비군사적 손실의 누적으로 스스로 무너져 내린 것이다.

---

23 해당 지역의 들판을 모조리 태워버려 적에게 필요한 일체의 보급품을 구할 수 없게 만드는 군사 작전

나폴레옹은 포병의 화력과 기병의 기동성을 활용해 소수의 병력으로 다수의 적군을 나눠 각개 격파하는 '중앙배치 전략Strategy of Central Position'과 같은 독창적인 아이디어를 직접 고안하여 역사상 최고의 전략을 구사한 장군이라고 평가를 받는다. 나폴레옹은 이런 전략을 이용해 숱한 전투를 승리로 이끌었으며 프랑스 제국을 유럽의 맹주로 만들 수 있었다. 그러나 결과적으로는 조국을 큰 어려움에 봉착케 했는데, '전 유럽의 완전 통일'이라는 실현하기에 벅찬 국가 대전략 때문이었다. 국가 대전략은 국가의 총체적 능력에 관한 냉정한 평가를 토대로 수립되어야 함에도 불구하고 오만하여 역량을 과대평가한데다 산업기술의 새로운 흐름과 국제 정세의 움직임을 제대로 파악하지 못하는 실수를 범했던 것이다.

최근 중국의 모습도 프랑스 제국이 범한 실수를 되풀이하는 인상을 주고 있다. 중국은 신저우 유인우주선 발사 성공이 가시화되는 시점에 출범한 후진타오 정권 때부터 '화평굴기和平崛起'를 내세우며 국제무대에서 목소리를 키우고 영토 문제에 관해 공격적인 입장을 취하기 시작했다. 이전에는 등소평 전 국가주석 이래 '도광양회韜光養晦' 즉, 칼날을 숨기고 힘을 기르는 전략을 택했는데 자신감을 당당히 드러낸 것이다. 그러나 냉정히 따져보면 중국의 굴기는 조금 이른 감이 없지 않다. 등소평의 유훈에 비추어도 이를 뿐만 아니라, 실제로 유인우주선 기술은 미국이 1960년대에 이미 이룬 기술에 불과하다. 우주선 기술을 비롯한 정밀 군사기술에서 중국은 아직 미국의 맞수가 되기에 한참 부족하다. 미국이 중국의 굴기에 맞서 'Contain China(중국 봉쇄)'를 내세우며 일본 재무장과 인도와의 군사협력을 통해 아시아 안보체제를 개편하고, TPP를 통해 중국을 경제적으로 고립시키려 시도하고 있는 것도 중국에게는 큰 부담이 아닐 수 없다.

이에 반해 프랑스와 미국을 물리치고 통일을 이룩한 저력을 갖고 있는 베트남을 주목할 필요가 있다. 베트남은 중국의 도움을 받아 베트남전쟁을 수행하면서도 중국을 경계해 국경 수비를 은밀히 강화, 1979년 중국군의 침공을 보기 좋게 격퇴했다. 전쟁 상대였던 미국, 한국과도 좋은 관계를 유지하며 경제 발전을 위해 상호 윈윈Win-Win하는 모습을 보이고 있다. '과거를 잊고 미래를 위해 나간다'는 국가 대전략이 베트남을 동남아시아의 강국 대열로 올려놓고 있는 것이다.

이처럼 국가 역량에 관한 무섭도록 냉정한 자아 성찰과 산업기술의 새로운 흐름, 국제 역학관계에 대한 주도면밀한 분석을 통해 국가 대전략을 설계해야 실패가 없다.

국가 대전략 사례 3: 고구려와 조선은 패망을 자초했다

우리나라의 역사를 살펴보면 국가 대전략의 부재로 재앙을 부른 경우가 적지 않다. 예를 들어 668년 고구려의 멸망 역시 국가 대전략이 없어 스스로 화를 부른 것이라 할 수 있다. 660년에 백제가 나당 연합군에게 공격을 받았을 때, 고구려는 같은 부여 혈통인 백제에 구원병을 보냈어야 했다. 백제가 당나라 수중에 들어가면 남(신라)과 북(당나라) 양쪽으로부터 협공을 받게 돼 방어가 어려워질 수밖에 없었다. 즉, 고구려의 생존을 위해서라도 백제를 지키기 위한 싸움에 국운을 걸어야 했는데 수수방관하다가 실기하고 멸망의 길을 걸은 것이다. 냉정하게 생각해 보면 나당 연합군의 백제 공격은 고구려 공격을 위해 취해진 사전 조치라는 것이 명약관화한데도 백제를 구원하지 않은 고구려 지도층의 결정은 생각 이하의 것이다. 평소에 예측 가능한 시나리오별로 대응 방안을 미리 마련해 놓지 않았기 때문에 우왕좌왕하다 시기를 놓쳤을 것으로 보이는데 민족사 전체를 놓고 보아도 아쉬운 장면이 아닐 수 없다.

이와는 반대로 왜국의 여자 황제가 병든 몸을 이끌고 구원병을 직접 지휘해 백제로 향하다가 배 위에서 서거하는 바람에 회군을 했다는 역사 기록이 있다. 이처럼 당시의 동북아 상황이 매우 긴박하게 돌아가고 있었음에도 불구하고 고구려 조정이 침묵했던 상황도 국가 대전략 차원에서 철저히 분석해야 할 가치가 있는 역사의 한 장면이다.

또한 청나라가 침공한 병자호란도 국가 대전략 부재에 기인한 재앙이라 할 수 있다. 당시 떠오르는 강국이었던 청나라와 선린 관계를 유지했더라면 조선은 전란을 겪지도 않았을 테고, 오히려 청나라를 세운 만주족이 중원으로 진출하느라 만주를 비웠을 때 만주를 사실상 점유할 기회를 가질 수도 있었다. 쓰러져가는 이민족 국가인 명나라에 대한 의리를 지킨다는 이해하기 힘든 선택이 빚은 참사였던 것이다.

구한말의 조선 역시 국가 대전략이 없었다. 조선은 청나라, 일본, 러시아에 돌아가며 국운을 기댔는데, 당시 세계의 패권이 영국과 미국에 있다는 사실을 진작 간파하고 대책을 세우지 못한 것이 아쉽다. 청국 일본 주재 공사관의 참찬관이었던 황준헌이 《조선책략》에서 '연미국聯美國'을 언급한 사실이 있지만, 이는 기본적으로 국경 분쟁 중인 러시아의 남진을 막고자 하는 청나라의 이익에 초점을 맞춘 것이기에 조선 사대부들의 마음을 움직이는 데는 분명한 한계가 있었다. 당시의 세계 강국인 영국에 대한 언급이 전혀 없는 것도 《조선책략》이 가지고 있는 한계였다.

어쨌든 《조선책략》이 조선 사대부들의 국제적 시야를 넓히는 데 도움을 준 것은 사실이고, 이어서 조미수호조약(1882)을 체결하기도 하지만 시기적으로 늦은 감이 없지 않았다. 이미 일본은 영국, 미국과 가까워져 한반도에 대한 야욕을 불태우고 있었고, 영국과 미국도 일본을 주목하고 있던 시절이었기 때문이다. 조미수호조약이 체결되기 3년 전인 1879년, 남북전쟁의 영웅 율리시즈 그랜트Ulysses Grant 장군이 전임 대통령 자격으로 일본을 방문해 우에노 공원에서 기념식수를 할 정도로 미국과 일본은 이미 상당한 수준의 우호 관계를 쌓고 있었다.

우리에게도 기회는 있었는데 1871년의 신미양요와 1885년의 거문도사건이 바로 그것이다. 만약 이때 미국, 영국과 어떤 형태로든지 연결고리를 맺었다면 어땠을까? 군대 현대화를 추진하며 태국이 걸었던 길을 걸으며 독립을 유지할 수 있었을지도 모른다. 태국은 우리나라와 지정학적 위치도 유사하고 국력도 비슷한 수준이었지만 열강 사이에서 일관된 중립정책을 펼쳐 독립국가의 틀을 유지했다. 조선이 영국과 미국을 이용해 일본을 견제하는 데 국력을 집중했다면, 다시 말해서 러시아의 남진에 큰 우려를 보이던 영국에는 반反 러시아

정책을 지렛대로 군사 원조를 받고, 미국에는 철도 부설 등의 이권을 주며 산업 근대화의 파트너로 삼는 국가 대전략을 구사했다면, 청나라와 러시아, 일본 어느 나라도 조선에 대한 지배권을 주장하기 어려웠을 것이다.

그러나 조선 사대부들은 일본의 메이지유신 주동 세력들이 품고 있던 정한론征韓論[24]에 대한 인식이 너무나 부족했다. 개화가 논의되던 초기에 일본을 경계하는 데 실패한 것은 뼈아픈 실책이 아닐 수 없다. 1884년(갑신년)에는 속내도 모르고 일본의 힘을 빌려 개화정책을 추진하다 실패하기도 했다. 메이지유신의 주역 중 하나인 후쿠자와 유키치福澤論吉는 정한론의 주창자였는데, 개화파 지식인들이 후쿠자와 유키치를 정신적 스승으로 모셨다는 사실은 정보 부재와 전략 부재에 허덕이던 구한말 사대부들의 좌충우돌을 적나라하게 보여주는 일례라 할 수 있다.

구한말 조선의 비참한 운명은 조선 스스로 재촉한 것이었다. 1882년 임오군란으로 일본인들이 희생되자 청나라와 일본은 텐진조약을 맺어 어느 일방이 조선에 출병할 경우 상대방도 출병할 권리가 있음을 인정하게 되었다. 그리고 1894년 동학혁명이 일어나 혁명군이 북상하자 조선 조정은 청나라에 구원병을 요청하는 이해하기 힘든 실책

---

24 1870년대를 전후하여 일본 정계에서 강력하게 대두된 조선에 대한 공략론(攻略論)을 말한다.

을 범했다. 혁명군의 요구사항 그 어디에도 왕이 물러나야 한다는 내용은 일절 없었다. 오히려 혁명군은 고종 임금에게 시무개혁책을 앙청仰請하고자 했다. 고종 임금의 대처 여하에 따라 충분히 진정될 수 있는 성격의 사건이었던 것이다. 그럼에도 불구하고 덜컥 청나라에 파병을 요청해 이것이 결국 조선의 명줄을 끊게 되는 출발점이 되었던 것이다.

메이지유신 주동 세력에 의해 주창된 정한론에 입각해 호시탐탐 기회를 노리던 일본에게 청나라 군대의 조선 출병은 하늘이 준 기회였다. 이 기회를 살려 청나라와 전쟁을 벌여 청나라를 굴복시킴으로써 조선에 대한 권리를 확보할 수 있었으니 말이다. 실제로 조선에 출병한 일본은 구실을 만들어 청나라 군대와 싸움을 벌였다. 조선이 조선을 집어삼키고자 하는 일본에게 스스로 길을 열어주는 결과를 낳은 셈인데, 그만큼 강국으로 떠오르는 일본의 움직임을 사전에 파악하지 못하고 그저 왜놈 정도로 치부하고 있다가 뒤통수를 세게 얻어맞은 것이다.

청나라에 구원병을 요청한 세력은 동학 혁명군에 신변의 위협을 느낀 조정의 부패한 고관들이었을 것이다. 그럼에도 몽매한 군주의 과오가 더 컸다고 볼 수밖에 없다. 국가의 위기, 왕조의 위기, 권신들의 위기가 서로 다름을 인지하지 못했다는 증거이기 때문이다. 물론 대궐 안에 일본이 심어 놓은 첩자가 암약했을 가능성도 배제할 수 없다. 이미 친일파 대신들이 존재했던 만큼 이들이 일본과 내통하여 천

인공노할 매국 행위를 했을 가능성도 충분히 있다. 우리의 역사 연구와 역사교육 방식이 인과관계 분석과 교훈 도출을 소홀히 하고 있어 이렇게도 중요한 역사의 한 장면을 너무나도 소홀히 다루고 있는 것은 유감스럽기 그지없다.

청나라를 제압한 일본은 러시아, 독일, 프랑스 3국의 견제를 받아 잠시 주춤했지만, 영국과 미국의 인정을 받아 러시아의 남진을 저지하는 역할을 맡게 되면서 다시 기회를 얻을 수 있었다. 그리고 10년 후에는 미국이 지원한 돈으로 구입한 영국제 전함을 비롯한 최신식 무기로 무장해 마침내 러시아까지 격파하고 세계적인 강국으로 떠오른다. 이렇게 방해 세력을 모두 제압하고는 필리핀에 눈독을 들이던 미국과의 합의 하에 조선을 완전히 집어삼켰던 것이다.

이런 일련의 과정의 출발점이 갑오년에 청나라에 출병을 요청한 것이기에 고종 임금의 실책은 그 어떤 변명으로도 합리화할 수 없을 것이다. 적어도 청나라에 구원병을 요청하고자 결정할 때는 어떤 파급 여파가 있는지 면밀히 분석하고 신중한 결정을 내렸어야 했다. 국가 대전략에 대한 기본적인 이해도 없었음을 보여주는 기막힌 역사의 한 장면이 아닐 수 없다. 조선 조정이 텐진조약의 존재와 그 내용을 모르고 있었다면 그것은 더더욱 용서받지 못할 국정 태만인 것이다.

중국의 굴기, 일본의 재무장, 미국의 아시아 회귀 등 동북아 안보 질서가 개편되고 있다. 이 소용돌이의 한가운데에 한국이 위치하고 있음을 자각하고 안이한 대응을 할 때가 아님을 명심해야 한다.

무엇보다도 '유사시 일본 자위대의 한반도 상륙' 이라는 개념에 대한 일본 측의 구체적 설명과 함께 미국의 상세한 입장을 파악하여 국민에게 자세히 알리고 공론화하는 노력이 필요하다. 우물쭈물하면서 지나갈 일이 절대 아니다. '유사시' 라는 말의 뜻이 무엇인지, 북한 위협의 현실화를 의미하는 것인지, 중국 위협의 현실화를 의미하는 것인지 정확히 파악해야 한다. 남한에 대한 위협을 상정한 것인지, 아니면 일본에 대한 위협을 상정한 것인지 명확히 알아야 한다. 위협이 현실화되었을 때 작동하는 것인지, 예방적 조치가 가능한 것인지에 대해 대한민국 국민들은 명확한 설명을 요구할 권리가 있다.

민족 생존을 위한 국가 대전략이 절실히 요구되는 시점이다. 국가 대전략은 장기 목표로 부국강병을 지속적으로 추구하면서 단기적으로 어떤 외교 · 국방전략을 통해 모자라는 힘을 보완할 것인지 연구하는 데서 출발한다. 국제무대에서는 힘이 논리이자 진리이다. 명분은 진실을 호도하기 위한 위장막으로 이용되는 경우가 대부분이다. 힘센 자들이 내거는 명분에 취해서 방심하다가는 언제 어떻게 종속 상태의 나라로 떨어질지 모른다. 고대 그리스의 역사가 투키디데스 Thucydides는 다음과 같이 말했다.

"강자는 자기가 원하는 대로 하며, 약자는 자기가 반드시 해야 하는 일로 인해 고통 받는다. 강자와 약자는 힘이 결정한다. 정의와 공정이란 것이 있지만, 그저 강자의 이익을 달리 표현한 것에 불과하다."

투키디데스가 이 말을 남긴지 2,000년이 훌쩍 넘었지만 강자와 약자의 사이는 조금도 변한 것이 없다.

대한민국은 좀 더 노회해져야 한다. 영어식으로 표현하면 국제무대에서의 대한민국은 너무 순진Naive하다. 이제 노련Sophisticated해져야 한다. 수 세기 동안 세계를 좌지우지했던 강대국들과 대한민국이 같은 수준의 노회함을 갖길 기대하는 것은 물론 무리이다. 그러나 강대국의 노회함을 제대로 이해하지도 못하는 낮은 차원에서 머무르고 있는 것이 현재의 대한민국임을 직시해야 한다.

일본이 최근 새로 진수한 헬기항공모함의 이름을 '카가加賀'로 명명했는데, 카가는 중일전쟁과 태평양전쟁 초기에 맹활약하다가 미드웨이 해전에서 침몰한 일본 제국 해군의 주력 항공모함의 이름이었다. 또한 2016년 1월 27일에는 태평양전쟁 초반 위명을 날리며 미국 공군 파일럿들을 공포에 떨게 했던 제로센 전투기를 복원하여 하늘에 날렸다. 원래 종전 70주년 기념행사의 일환으로 2015년 8월 15일 비행을 계획했으나 국제 여론을 의식해 민간인에게 매각한 후 개인 자격으로 비행하도록 하는 변칙을 쓴 것이다. 그런데 놀랍게도 비행 조종간을 잡은 사람이 일본인 조종사가 아닌 미 공군에서 퇴역한 조종사였다. 이러한 일련의 움직임이 보여주는 상징적 메시지와 일본 자위대 병력의 한반도 상륙 논의가 아무런 관련이 없는 것일까? 머리에 쥐가 난다는 표현이 어울리는 장면이다.

9
장

Reset

Reset 1:
한미 관계의 이상 징후

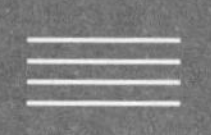

한미상호방위조약과 함께 한미 FTA를 체결함으로써 안보와 경제 양면에서 공고한 동맹을 형성했던 한미 관계가 최근 들어 이상 징후를 보이고 있다. 그 예로 한국의 TPP 가입에 대한 미국 USTR의 냉정한 태도, 한국 환율정책에 대한 미국 재무부의 비판적 입장, 조 바이든 부통령의 경고성 발언, 웬디 셔먼 국무부 차관의 박 대통령 역사의식 비판, 도널드 트럼프 공화당 후보자를 비롯한 미국 대선 주자들의 한국 때리기 등을 들 수 있다.

외교 당국은 한미 동맹은 빛이 샐 틈도 없다느니, 미국과 중국 양쪽으로부터 러브콜을 받고 있다느니 현란한 수사를 동원하고 있지만, 일본 재무장과 같이 비중이 크고 파급 여파가 큰 이슈를 논의하는 자리에는 명함도 제대로 내밀지 못하고, 미 · 일 간에 일사천리로 논의가 진행되는 중에 기껏 "일본 자위대의 한반도 상륙은 우리의 동의나 허락을 얻어야 가능하다"는 별 영양가 없는 얘기나 늘어놓는 무력함을 드러냈을 뿐이다.

최근 한미 관계를 보면 뭔가 정리 정돈이 필요해 보인다. 한미 관계는 박근혜 정부 출발 시점부터 문제를 잉태하기 시작했다고 보아야 한다. 미국은 2012년 한국의 대통령 선거 결과가 보수 여당의 재집권으로 귀착되자 환호하였으나 기대와는 다른 한국의 행보에 실망한 것으로 보인다. 노무현 정부 시절 껄끄러웠던 한미 관계를 돌이켜보면 보수 성향인 박근혜 대통령의 신승辛勝이 한미 관계의 청신호로 간주되었을 것이다. 그러나 박 대통령의 첫 번째 조각組閣 내용은 미국을 어리둥절케 했다. 미국과 각을 세우던 노무현 정부에서 활약하던 외교 · 국방 최고위 인사를 해당 분야의 최고위직에 임명하는 파격적인 인사를 단행했기 때문이다. 또한 주중 대사에는 측근인 정치 거물을, 주미 대사에는 실무 관료를 임명하였는데, 이는 미국이 받아들이기 어려운 외교적 조치인 동시에 중국 중시 성향을 드러낸 것으로 볼 수 있기 때문에 박근혜 정부에 대해 경계의 눈초리를 보내기 시작한 것으로 보인다.

미국을 긴장시키는 파격 행보는 계속됐는데, 특히 중국을 방문한 박 대통령이 칭화대에서 중국어로 연설한 것은 중국과 한국, 미국에 깊은 인상을 남겼다. 중국인들은 유창한 중국어로 연설하는 한국의 대통령에게 큰 호의를 느꼈을 테고, 한중 관계가 업그레이드되는 효과로 이어졌음은 두말할 나위가 없다. 우리나라 국민들도 대통령의 중국어 실력에 놀라 유창한 외국어 실력을 외교 역량으로 치환하여 큰 점수를 준 것도 사실이다.

그러나 한국과 중국에서 긍정적인 평가를 받은 것과 달리 미국에는 적지 않은 충격이었을 것이다. 국제 사회에서 언어는 패권을 의미한다. 영어가 국제 공용어인 이유는 미국 중심의 국제 질서가 자리 잡고 있기 때문이다. 박 대통령의 중국어 연설은 개인적으로 중국에 관심이 많았다는 증거인데다 국가원수로서 상대방 국가의 언어로 일부 문장만 인용하는 수준을 넘어 연설 원고 전체를 할애한다는 것은 외교 의전으로도 파격에 속하는 것이다. 이어진 신속한 한중 FTA 체결과 시진핑 국가주석과의 잦은 회동에서 보여준 친근한 모습을 미국으로서는 불편한 속내로 바라보았음에 틀림없다.

특히, 미국이 중국의 군사적 굴기를 경계해 아시아 복귀 정책을 내세우며 동북아시아 안보 구도 개편을 서두르고 있는 와중에 한국이 중국에 다가가는 모습은 미국을 당혹시키기에 충분하고도 남았다. 미국의 우려에도 불구하고 중국 전승절 기념식 열병 행사에 참석해 미국 등 서방 세계와 각을 세우고 있는 시진핑 중국 국가주석, 블라디미르 푸틴 러시아 대통령과 어깨를 나란히 하는 모습은 미국의 심기를 불편하게 했다. 주중 대사에 한미 군사협력에 정통한 전직 국가안보실장을 임명해 그 배경이 무엇인지 궁금하게 만들었고, 사드 배치 문제를 둘러싸고 중국의 눈치를 보는 듯한 태도를 취함으로써 미국 조야朝野의 빈축을 샀다. 한국이 명백한 입장을 표명하지 않고 우물쭈물하는 태도를 보인 것을 미국의 입장에서는 이해할 수 없기 때문이다.

한반도 전작권이 미군에게 있고 한미상호방위조약이 건재한데 군사적으로 반대편에 있는 국가를 의식해 애매한 태도를 취하는 한국의 모습을 미국은 못마땅하게 생각했음이 확실하다. 한국 공군의 주요 장비가 모두 미국산인데 갑자기 공중 급유기를 유럽의 에어버스에 내주었다. 경쟁 입찰이라 어쩔 수 없다지만 경쟁 입찰을 한 것부터 이유를 따져보아야 할 일이다. 앞서 언급했듯이 미국의 작심 발언이 이어지는 이유는 한국의 불명확하고 오해를 살 만한 일련의 행보가 있었기 때문이다.

과연 한미 관계는 빛이 샐 틈도 없이 공고한 것일까? 스티븐 보스워스 전 주한 미국 대사의 발언처럼 미국에게 한국은 포기할 수 없는 전략적 요충지일까? 그에 대한 대답은 역사가 대답해준다. 역사상 미국은 한국을 세 번이나 버렸다. 1905년의 가쓰라-태프트 밀약이 그 첫 번째이고, 1945년 얄타회담에서 북위 38도선을 긋고 남북을 나눈 것이 두 번째이고, 1950년에 남한을 미국의 아시아 방어선에서 제외한 애치슨라인이 세 번째이다. 미국은 자신의 국익을 위해서 또다시 네 번째 배신을 할 수도 있다.

미국이 '안보를 위해 한국과 협력하는 것이 미국의 국익에 부합된다'는 믿음을 갖도록 하는 것이 시급하다. 그러려면 한국이 미국에게 없어서는 안 될 존재가 되어야 한다. 지정학적 위치의 중요성만 철석 같이 믿는 자세에서 벗어나 한미 협력이 지속되도록 적극적인 노력을 기울여야 한다. 이성적으로 생각하면 한국과 미국은 혈맹이고 서로를 전략적으로 필요로 한다. 그러나 믿는 사이일수록 서로에 대한 기대가 큰 법이다. 따라서 섭섭한 감정이 생길 수 있고, 감정이 누적되다 보면 이성보다 감정적인 대응이 자리를 잡을 수 있음도 유의해야 한다.

한국과 미국은 그동안의 오해를 부를 수 있었던 행보에 대해 솔직한 의견을 주고받아야 한다. 이를 출발점으로 현안들에 관한 심도 있는 대화와 충분한 토론을 거쳐 한미 관계를 재정비해야 한다. 한국과 미국은 상호 간 협력을 통해 많은 것을 이룰 수 있다. 안보, 산업, 문화예술에 이르기까지 넓은 스펙트럼이 기다리고 있다.

Reset 2: 20세기 조선과 21세기의 대한민국

조선과 미국의 관계는 그리 좋은 인연으로 출발하지 못했다. 조선은 미국의 동아시아 정책에서 강대국 간에 주고받는 칩으로 처음 이름을 올렸다. 여기에서 가쓰라-태프트 밀약 전후 조선 조정이 취한 행보에 대해 잠시 들여다볼 필요가 있다. 당시 조선 조정이 해외 정보에 얼마나 어두웠고 뒷북을 치기에 급급했는지 알 수 있어 오늘날 우리에게도 타산지석이 되기 때문이다.

1905년 미국이 파견한 대규모 동아시아 사절단이 SS만추리아호를 타고 일본, 중국, 필리핀을 방문했다. 특히 일본 동경에서는 육군 장관 윌리엄 태프트William H Taft와 일본 수상 가쓰라 다로 간에 조선과 필리핀을 서로 주고받는 소위 가쓰라-태프트 밀약을 맺었는데, 사절단에는 특별한 인물들이 포함되어 있었다. 바로 대통령의 영애인 앨리스 루스벨트와 그녀의 약혼자이자 훗날 하원의장이 된 니콜라스 롱워스Nicholas Longworth 하원의원이 장군, 제독, 정치인들과 함께하고 있었던 것이다.

원래 미국 사절단의 조선 방문은 예정되어 있지 않았다. 그런데 조선을 꼭 구경하고 싶다는 앨리스 루스벨트의 고집에 사절단은 귀국길에 오르며 그녀 혼자 개인 자격으로 조선을 방문하도록 했다. 앨리스 루스벨트가 한양에 나타나자 조선 조정은 크게 고무되었고, 고종 황제도 흥분하여 미국이 한국을 일본으로부터 보호해준다는 시그널로 받아들였다. 조선 조정으로부터 극진한 대접을 받은 앨리스는 얼마 뒤 미국으로 돌아갔고, 고종 황제는 곧바로 특사를 미국 워싱턴으로 보내는 외교적 후속 조치를 단행했다. 미국 공주를 보낸 후의厚意에도 감사하고 이참에 미국으로부터 조선의 독립 유지에 대한 약속을 받아낼 심산이었던 것이다.

그러나 기대와 다르게 시어도어 루스벨트 대통령은 조선에 관심이 없었다. 처음에는 사절단의 접견마저 거부했다. 가쓰라-태프트 밀약을 통해 이미 일본에 조선을 줘버렸는데 외교적으로 상대할 이유가 없다고 생각한 것이다. 국무장관이 달려와 아직 일본과 조선 간에 법률적 조치가 이루어지지 않았기 때문에 조선 사절단을 접견하는 것이 좋다고 설명한 뒤에야 마지못해 형식적으로 접견했을 뿐이다. 루스벨트 대통령에게 조선식으로 큰 절을 올린 조선 사절단이 루스벨트에게 한 이야기는 생략한다[25].

이 역사적 사실은 조선이 얼마나 우매했고 국제 정세에 어두웠는지를 단적으로 보여준다. 국가가 누란지위累卵之危에 있는데도 국제 정세를 파악할 노력조차 하지 않은 것이다. 앨리스에게 SS만추리아호의 여정과 사절단에 관해 물어보기만 했어도 어느 정도 감을 잡을 수 있는 상황이었는데도 그저 아전인수 격으로 해석하고 법석을 떨었던 모습을 상상하면 우습다 못해 눈물이 앞을 가린다.

알다시피 미국이 우리 역사 속으로 다시 들어온 것은 일본 제국이 패망한 1945년이었다. 이번에도 조선은 강대국 간의 거래 대상에 불과했다. 미국 국무부 내에서 암약하던 소련의 밀정들은 2차 세계대전 종전과 더불어 한반도를 소련의 통치 하에 두고자 일을 꾸몄다. 그 결과로 나온 것이 1945년 초 얄타회담에서 합의된 38도선이다. 즉, 38도선 이북의 일본군 무장 해제는 소련군에게 맡기고 38도선 이남의 일본군 무장 해제는 미군이 맡는다는 이해하기 어려운 합의였다. 이는 만주에 출병하는 김에 한반도를 집어삼킬 요량으로 조선에 주둔하고 있던 일본군까지 무장 해제시키겠다는 속 검은 스탈린의 의도를 어느 정도 충족시켜 소련의 참전을 유도하면서 한반도의 지정학적 중요성을 인식하여 남한만으로 최소한의 교두보를 확보하려 한 프랭클

25 미국 사절단의 활동과 앨리스 루스벨트 이야기, 그리고 시어도어 루스벨트 대통령의 일본 편향적 시각은 제임스 브래들리(James Bradley)의 저서 《임페리얼 크루즈(The Imperial Cruise)》에 자세히 기술되어 있다.

린 루스벨트 대통령과 참모들의 비정한 계산이 만들어낸 결과물로 우리 민족에게 또 하나의 통한을 심어준 것이다. 결국 38도선은 3년간 치러진 한국전쟁의 출발점이 되어 우리 민족에게 씻을 수 없는 고통을 안겼다.

한국전쟁의 원인 역시 주한 미군 철수로 한반도에서 힘의 균형이 무너진 데 있었다. 1950년 초 미국 국무장관 애치슨이 미국의 태평양 방어선이 알래스카 알류샨 열도와 일본 열도를 연결하는 선이라는 소위 애치슨라인을 발표했던 게 도화선이 되어버린 것이다. 한반도가 애치슨라인 밖에 있다는 명시적 표현은 없었지만, 누가 봐도 애치슨의 발언은 한반도를 미국의 태평양 방어선에서 제외한 조치로 해석될 수밖에 없는 상황이었다. 이에 고무된 소련과 북한이 한반도 적화 통일을 위한 전면전을 일으키게 된 것이다.

그런데 한국전쟁이 발발하자 미국은 곧바로 일본에 주둔하고 있던 미군 1개 대대(대대장이었던 찰스 스미스 중령의 이름을 따서 '스미스 대대'라고 부른다)를 파병하는 한편, 유엔안전보장이사회를 소집해 유엔군의 깃발 아래 한국전쟁에 개입하는 신속함을 보였다. 그 이유는 한반도의 군사 전략적 가치에 대한 미국의 인식이라고 볼 수 있는데, 애치슨라인을 태평양 주방어선이라고 했지만 한국이 최소한 주방어선을 지키기 위한 전초 진지로서의 중요성을 띠고 있다고 생각했기 때문이다. 확대하여 생각하면 유라시아 동쪽 끝의 전진 기지로서 한반도가 소련을 포위하는 전략적 위치를 차지하고 있기 때문인 것이다.

서구의 일부 좌파 지식인들은 미국이 의도적으로 덫을 놓아 소련과 북한이 전쟁을 일으키도록 유도했다는 주장(소위 남침유도설)을 하기도 한다. 2차 세계대전 때 생산해서 쓰고 남은 재고 무기를 해소하기 위해 전쟁이 필요했고 이에 한반도를 제물로 삼았다거나, 흔들리는 이승만 정권을 공고히 하기 위해 전쟁을 유도했다는 내용의 음모론적 접근인데, 증거는 없는 추론 수준이다.

어쨌든 미국의 개입으로 한국은 보전되었고 한미상호방위조약을 맺으면서 미군이 한반도에 주둔하게 되었다. 물론 지미 카터 전 대통령 시절에 주한 미군의 완전 철수론이 제기되고 실천에 옮기려 한 적도 있었다. 그러나 미8군 참모장 존 싱글러브John Singlaub 소장의 공개적 반발 등 우여곡절 끝에 제2사단이 잔류했고, 오늘날까지 이어져오고 있는 것이다.

한국전쟁 이후 60년간 이어지던 평온이 중국의 굴기와 영토 분쟁, 일본의 재무장과 집단적 자위권 주장 등으로 급변하는 국제 정세 속에서 다시 위태롭게 흔들리고 있다. 우리를 둘러싼 북한, 미국, 중국과 일본이 서로의 국익을 위하여 첨예하게 대립하고 있는 가운데, 우리 대한민국은 과연 어떤 전략을 가지고 대처하고 있는 것일까? 대한민국 정부의 안보 역량이 구한말의 조선 조정보다 낫다고 자신 있게 말할 수 있을까? 20세기의 안타까운 장면들이 21세기에 다시 재연되지 않기 위해서는 무엇보다도 냉철하고 계산적인 처세가 필요하다. 정세 판단에 필요한 정보를 낱낱이 모으고 객관적으로 분석해야 길이 보인다. 막연한 기대나 개인의 직관에 의존하는 것은 필패의 서곡이다.

Reset 3:
미일 관계의 부활,
어떻게 대응해야 할까?

19세기에 남북전쟁을 치르면서 세계 최강의 산업 생산력과 군사력을 보유하게 된 미국은 프랑스로부터 루이지애나를, 러시아로부터 알래스카를 사들이며 몸집을 불렸다. 그리고 멕시코와의 전쟁을 통해 캘리포니아, 애리조나, 텍사스 등 서남부의 영토를 획득하면서 해외로 눈을 돌리기 시작했다. 19세기 당시 미국은 태평양에서 원양 포경선을 이용한 고래잡이로 큰 수익을 거두고 있었다. 따라서 원양 포경선과 아시아 나라들과 거래하는 무역선에 안정적으로 연료와 식량을 공급할 수 있는 중간 거점 마련이 시급했다.

미국은 이를 위해 하와이 제도를 속령으로 편입하는 한편 일본 열도에도 관심을 갖게 되는데, 1853년 미 해군의 매튜 페리 제독이

3,500톤급 기함을 주축으로 대포를 장착한 4척의 검은 증기선(흑선黑船, Black ships이라고 불리는 대양 항해용 함선을 일컫는다)을 이끌고 동경만 우라가 항에 나타난 것이다. 당시 페리 제독의 수중에는 수호조약 체결을 원하는 밀라드 필모어Millard Fillmore 대통령의 친서가 들려 있었다. 괴물처럼 연기를 쉴 새 없이 내뿜는 거대 증기선을 처음 본 일본 막부의 반응은 어땠을까? 기겁할 일이었을 것이다. 결국 1년 후 일본 막부는 여덟 척의 흑선(구로후네)을 이끌고 다시 찾아온 페리 제독과 가나가와神奈川 화친조약을 체결하고 개항을 단행했다. 이후 일본은 기존의 란가쿠에서 진일보하여 네덜란드 대신 미국을 통해 발달한 서구의 산업 역량을 배우기 시작해 개항 50년 만에 청나라와 러시아를 연파하고 세계 최강국 반열에 우뚝 설 수 있었다.

미국은 태평양 경영에 있어 전략적 교두보인 필리핀에도 눈독을 들여 스페인과의 전쟁을 통해 필리핀을 점령한다. 그리고 필리핀에 대한 영유권을 확보하고자 러일전쟁에서 승리한 일본과 가쓰라-태프트 밀약을 맺고 일본의 조선 영유권을 인정하는 대신 필리핀 영유권을 일본으로부터 인정받는다.

사실 가쓰라-태프트 밀약은 미국 입장에서는 불필요한 밀약이었다고 볼 수 있다. 미국 자본에 전쟁 국채를 팔아 마련한 자금으로 영국제 군함과 화포를 구입하여 이루어낸 결과가 일본의 러일전쟁 승리였기 때문이다. 미국으로서는 일본을 맞상대로 인정할 이유가 별로 없었던 것이다. 그럼에도 불구하고 조약은 체결되는데, 여기에는 아마도 미국의 조심성과 치밀한 계산이 깔려 있었을 것이다. 자원도 없고 어차피 일본 손아귀에 들어갈 가난뱅이 조선을 일본에 선심 쓰듯 내주는 대신, 혹시 있을지 모를 일본의 훼방을 막고자 했을 것이다. 가쓰라-태프트 밀약은 철저히 비밀에 붙여졌기 때문에 1차 세계대전이 지난 후 1920년이 돼서야 세상에 알려졌는데, 제임스 브레들리 James Bradley는 《제국의 항해 The Imperial Cruise》에서 가쓰라-태프트 밀약이 결국 중일전쟁, 태평양전쟁, 한국전쟁의 단초가 된 잘못된 결정이었다고 강하게 비판하고 있다.

그런데 태평양전쟁으로 틀어졌던 미국과 일본의 관계가 최근 들어 드라마틱하게 개선되고 있다. 오바마 케어 등 복지 증대에 따른 재원 확충을 위해 국방 예산 감축이 필요했던 미국 정부가 일본의 재무장을 대안으로 선택했기 때문이다. 중국의 굴기로 인해 아시아 안보에 위협을 느끼는데다가 한국마저 중국에 다가가는 모습을 보이며 애매한 태도를 보이니 미국이 선택할 방법은 많지 않았을 것이다.

그럼에도 최근 미국의 노골적인 일본 편들기는 지나친 감이 없지 않아 보인다. 우선 독도나 센카쿠 열도(조어도)를 둘러싼 영토 분쟁에 대한 미국의 이중적인 태도를 지적하고 싶다. 센카쿠 열도 문제에 대해서 미국은 군사 시위도 불사하면서 중국에 명백한 입장을 보이고 있다. 근거는 미일상호방위조약에 센카쿠 열도가 일본의 영토로 명시되어 있기 때문이라는 것이다. 그래서 중국이 일본의 영토인 센카쿠 열도를 침공하면 미국이 중국을 공격할 수밖에 없다는 논리를 편다.

그러나 독도 문제에서만큼은 당사자들끼리 알아서 합리적으로 해결할 문제라며 선을 긋고 있다. 미일상호방위조약에는 독도가 일본 영토에 포함되어 있지 않다. 미국이 중국에 취한 태도를 그대로 적용하면 독도는 일본의 영토가 아닌 게 분명하다. 그럼에도 미국은 당사자끼리 알아서 해결하라는 말뿐이다. 독도 문제는 미일상호방위조약에서 언급하지 않았을 뿐이라면서 말이다.

또한 일본에 대해서는 아베노믹스에 기초한 무제한 통화 증발에 따른 인위적 평가 절하를 허용하면서, 한국이 외환시장의 쏠림 현상을 완화하기 위해 최소한의 절제된 개입을 해도 환율 조작 운운하며 직격탄을 날리는 미국 재무부의 이율배반적인 태도는 불쾌하기까지 하다. 무엇보다 이러한 자기 편의적인 해석이 환율 조작국에 대해 무역 보복을 할 수 있도록 명시한 BHC Bennet-Hatch-Carper 법의 적용에서까지 한국을 차별하는 상황으로 이어지지 않을까 상당히 우려된다.

문제는 우리 외교 당국이 이 부분, 즉 미국이 일본에 많은 것을 기대하고 있다는 현실에 대한 이해가 부족했다는 것이다. 이런 상황을 제대로 파악했다면 역사 문제에 전적으로 매달리지 않고, 미국 정부에 미 · 일 연합의 위험성을 강조하기보다 일본의 재무장을 기정사실로 받아들인 뒤 '일본 재무장 이후에 한국과 한국군의 동북아에서의 위상은 어떻게 할 것인지?' 라는 질문에 대한 답을 구하는 데 국력을 집중했을지도 모른다.

또한 우리 허락 없이는 상륙할 수 없다는 외교적 발언에서 벗어나 일본 자위대가 함부로 한반도에 상륙할 수 없는 억지력을 갖추는 데 주력해야 했다. 외교적 발언의 문구도 솔직히 평가하면 조금 아쉽다. '우리의 동의, 허락 없이는 불가하다' 가 아니라 '우리의 요청에 의해서만 가능하다' 고 했어야 했다. 엄연히 한반도의 주권은 대한민국에 있는데 일본이 이니셔티브initiative를 선점하는 표현을 우리 외교 당국이 쓴다는 것은 전략적인 접근 방식이 아니다.

미 · 일 군사 공조가 강화되는 상황에서 역사 문제로 일본과 각을 세운 것도 전략 부재를 드러낸 것이다. 물론 깊은 한恨이 정리되지 않은 상태에서 일본의 감정적 도발에 우리 정부와 국민이 분노하는 것은 당연하다. 그러나 한국이 일본과 사이가 나쁘다는 것을 미국이 인식케 하는 것이 우리의 군사력 증강에 어떤 영향을 미칠 것인지에 관해 전략적으로 접근하지 못하고 감정적으로 대응한 외교 당국의 안목도 문제다. 연암 박지원은 아들에게 '인순고식 구차미봉因循姑息 苟且彌縫'이라는 말을 남기며 항상 경계하는 마음가짐을 당부했다. 타성에 젖어 만사를 그대로 따라 하고, 마음 편한 것만 찾아 매사를 임시변통으로 처리하는 태도가 일을 그르치는 원인이기 때문이다.

만약 국제 정세를 올바르게 파악하고, 평정심을 가지고 일본을 대했다면 다른 대응 방안이 나왔을 것이다. 미국의 입장에서 일본과 한국 사이의 구원舊怨은 양국 간의 문제일 뿐이다. 따라서 이로 인해 무력 충돌의 여지가 있다면 미국이 한국군의 군사력을 강화하는 문제에 소극적으로 나올 것임은 쉽게 예견할 수 있는 것이다. 아쉽고도 아쉬운 얘기지만 인정할 수밖에 없는 사실은 미국이 절실히 필요로 하는 안보 파트너는 일본이지 한국이 아니라는 점이다. 일본의 경제력은 한국의 네 배 수준이다. 무장을 해도 우리보다 네 배의 무장이 가능하다는 간단한 수학적 사실을 우리는 받아들여야 한다. 이를 부정하면 우리의 대응 전략은 현실성이 떨어지고 계속 꼬일 수밖에 없다.

2016년 5월 27일, 퇴임을 앞둔 버락 오바마 대통령이 원자폭탄이 떨어졌던 히로시마를 방문해 원폭 희생자 위령비에 헌화했다. 이 역사적 사건이 한미 관계, 한일 관계, 미일 관계의 과거와 현재, 미래에 시사하는 바는 무엇일까?

미국 안보전략의 일본 의존도가 앞으로도 계속 더 높아지리라는 의미라면, 그래서 전범 국가 일본에게 새로운 ID를 발급하는 것이라면, 우리는 바짝 긴장하지 않을 수 없다. 오바마 대통령은 히로시마 연설에서 한국인 원폭 희생자의 존재를 언급하긴 했지만 불과 5분 거리에 있는 한국인 원폭 희생자 위령탑 방문은 외면했다. 한국인 희생자를 언급하고도 위령탑을 외면한 것은 언급하지 않고 위령탑을 외면한 것보다 못한 것이다. 한국과 일본을 한꺼번에 묶어 대표로 일본하고 소통한 모양새이기 때문이다. 한국에 러브콜을 한다는 미국이 한국 정부의 요청을 무시하고 한국인 위령탑을 외면한 것은 미국 관료들이 정교하지 못하고 사랑의 표현을 제대로 할 줄 몰라서일까?

2016년 5월 27일은 대한민국 외교사에 커다란 질문이 주어진 날이다. 대미 외교는 성공적으로 이루어지고 있는가? 일본은 한국을 또

다시 자신들의 영향권 안에 넣으려는 새로운 시도를 할 것인가? “한국은 일본이 관리하게 해야 한다”는 과거 케네디 대통령이 펄 벅 여사에게 한 얘기가 되살아나 워싱턴 주류사회의 드러나지 않는 인식으로 점점 자리 잡아가고 있는 것은 아닌지 생각해 봐야 할 때이다.

Reset 4:
한미 관계 이제부터 다시 시작하자

우리나라 역사상 성공적인 외교정책의 하나로 평가받는 광해군의 중립외교는 철저히 실리에 입각한 것이었다. 광해군은 성리학적 명분론을 신봉하는 사대부들의 반대를 무릅쓰고 실리를 추구하는 현실주의에 입각해 명과 후금 사이에서 중립을 지키는 정책을 실시했고, 그 결과 격동의 시기를 무사히 헤쳐 나갈 수 있었다. 그러나 미국과 중국이 자웅을 겨루는 이때, 대한민국 외교 · 국방 담당자들이 17세기 광해군의 전략을 잘못 이해하고 있는 듯 보여 앞날에 대한 걱정이 앞선다.

광해군의 중립외교는 힘의 이동 상황을 정확히 읽고 최종 선택을 유보하면서 실리를 추구한 외교정책이었다. 반면, 현재 외교 당국이 주장하는 '미국과 중국의 뜨거운 러브콜' 이라는 발상은 대한민국이 강대국 사이에서 힘의 균형을 맞추는 균형추의 역할을 할 수 있다는 낭만적인 자신감에서 출발한다. 광해군의 중립외교와는 사뭇 다른 것이다. 사실 광해군이 추진한 외교정책은 중립이라기보다 이중二重 외교에 가깝다고 할 수 있다. 중국의 세력 판도가 결정되지 않은 과도기에 세력 판도가 결정되기를 기다린 것이지, 명과 후금 사이에서 등거리 외교를 한 게 아니기 때문이다.

현재 동아시아의 세력 판도는 의문의 여지없이 미국이 절대적인 우위를 점하고 있고, 이러한 우위는 상당 기간 계속될 전망이다. 게다가 우리 군은 전투력을 결정하는 전투기 등의 주요 장비를 전량 미국에 의존하고 있다. 사실상 주한 미군의 전투력에 의존해 한반도에서의 힘의 균형이 이루어지고 있는 상황으로, 17세기 광해군이 중립외교를 추진할 수 있었던 동북아시아의 상황과는 전혀 다르다는 뜻이다.

따라서 우리는 미군의 전술 변화를 잘 읽어야 한다. 현재 미군은 2차 세계대전과 태평양전쟁에서 위명을 떨치며 핵심 전력 역할을 수행했던 해병대 병력을 감축하고 있다. 중동에 지상군을 파견하는 것에 신중한 입장을 취하며 폭격기의 공습에 의한 문제 해결에 의존하고 있다. 원거리 정밀 타격무기의 발달과 핵무기의 존재가 지상전의 중요성을 점점 깎아내리고 있는 것이다. 언젠가 〈워싱턴포스트〉 1면에 미 육군 헬기가 해군 함정에 착륙하는 사진이 게재된 적이 있는데, 필자는 이를 보며 태평양사령부의 작전 개념이 해군 위주의 원거리 정밀 타격전 개념으로 전환되고 있음을 상징하는 것은 아닐까 상상해 보았다.

그렇다면 한반도의 군사 전략적 가치가 예전만 못하다는 추론이 가능해진다. 미8군 사령부가 서울 용산에서 경기도 평택으로 이전한 것도 이러한 흐름과 관련지으면 자연스러운 전개라고 할 수 있다. 한반도에 전쟁이 발발하면 곧바로 자동 개입하게 되는 소위 인계철선 tripwire 효과를 피하고자 하는 미국의 속내라고 볼 수 있으며, 이는 한반도 방위 의지가 약해진 증거라 할 수 있기 때문이다.

'미군은 언제나 한반도에 주둔하며 한국을 보호할 것이다' 라는 믿음은 이제 100퍼센트 보장할 수 있는 믿음이 아니다. 따라서 우리로서는 상황에 따라 미국이 한반도를 포기할 수도 있다고 보고, 최악의 상황이 발생하지 않도록 미국과 긴밀한 관계를 유지하기 위해 꾸준히 노력해야 한다. 또한 미국이 한반도를 미8군의 작전 영역이 아닌 일본 자위대의 작전 영역으로 변경할 의도가 있는지, 그 여부에 대해서도 신경을 곤두세우고 면밀히 분석할 필요가 있다.

중국과의 관계 설정에 있어서도 보다 주도면밀하고 냉정한 판단에 입각한 행마가 절실하다. 소위 경제는 중국과, 안보는 미국과 같이 간다는 '안미경중' 전략은 한국에만 이득이 되는 이기적인 전략으로 미국과 중국 모두로부터 공감을 얻기 어렵다. 특히 안보를 중국과 같이할 수 없는 입장인 한국이 핵우산을 제공하는 미국에 불안감을 안기는 것은 하책 중의 하책에 불과하다. 경제적으로 다소 어려움이 있더라도 미국과 함께하는 자세를 견지해야 한다는 뜻이다. 속이 쓰리더라도 일본과 좋은 관계를 유지하는 것 또한 대한민국의 먼 미래를 위해 옳은 선택일 것이다.

호주를 보면 답이 보인다. 호주는 우리처럼 미국, 중국과 모두 FTA를 맺었고 중국이 주도하는 AIIB에도 가입했지만 미국과의 합동훈련에 적극 나서며 미군이 가는 곳에 늘 함께하는 모습을 보이고 있다. 그렇다고 해서 호주가 미국이나 중국과 불편한 관계에 놓였다는 얘기는 듣지 못했다.

일본의 전설적인 검객 미야모토 무사시는 《오륜서五輪書》에서 사물을 보는 시각을 두 가지로 나누어 설명하는데, 상대의 생각을 간파하는 '관觀'과 현상을 파악하는 '견見'이 그것이다. 즉, 전략을 수립할 때는 견見의 눈으로 현재 상황을 냉정하고 디테일하게 살피고, 관觀의 눈으로 향후의 정세를 살펴야 한다는 뜻이다.

우리 역시 국제법과 조약에 따라 냉정하게 처신하면서 이해 당사국에 필요한 설명을 하고 양해를 구하려 노력해야 한다. 주먹구구식으로 대응하면 논리가 달릴 뿐 아니라 수세에 몰릴 수밖에 없다. 항상 정도에 따라 넘침도 모자람도 없어야 한다. 이제는 '주도하네, 선제적으로 대응하네' 하면서 어설프게 나서지 말고 주위를 잘 둘러보고 조심스럽게, 그렇지만 결론이 난 것은 단호하게 행동에 옮기는 성숙한 모습을 보여야 한다.

다시 한 번 말하지만 대한민국은 강대국이 아니다. 언제 다시 강대국들 간의 거래 대상인 칩으로 전락할지 모른다. 두 눈 부릅뜨고 긴장을 풀지 말아야 한다. 겉멋에 우쭐대다간 언제 큰 코 다칠지 모른다.

국가 지배구조 개편

국가 대전략을 제대로 수립하고 실행하기 위해서는 국가의 의사 결정이 신속하고 합리적으로 이루어지는 것이 필수적이다. 그런데 대한민국의 의사 결정을 책임지는 국가 지배구조는 생각보다 허약하기 짝이 없다. 중요한 의사 결정을 해야 하는 정치인들은 전문성이 부족한데다가 포퓰리즘에 젖어 있고, 5년 단임제 대통령이 권위와 힘을 가지고 실제로 일할 수 있는 기간은 3년 정도에 불과하다. 대기업 CEO는 한 해 한 해 힘겹게 목숨을 이어가고 있어 장기적인 안목을 갖고 미래 경쟁력을 확보할 목적의 선제적 투자를 결행하기 어렵다. 장관부터 사무관에 이르기까지 정부 관료의 보직은 1~2년 단위로 바뀌어 국가 정책의 전문성과 일관성을 확보하는 데 한계가 명확하다.

상황이 이렇다 보니 본래부터 세계 경영의 DNA 자체가 부족한 대한민국이 지금은 이렇다 할 국가 대전략과 세부 방책 없이 표류하고 있다. 외교 · 안보 전략, 정치 이념이 표류하고 있고, 산업 경쟁력도 표류하고 있다.

중국에 가까이 다가가면서 안보의 축인 세계 최강 미국과의 관계가 소원해지는 인상을 주고, 중차대한 이슈인 '동북아 안보질서 재편' 논의 과정에서 소외되며 일본 재무장 문제에 대해 아무런 영향력도 행사하지 못하는 무기력한 모습을 보여 불안감을 지울 수 없다. 안보 전략이 공격적인 인사들에 의해 주도되다 보니 남북 관계가 필요 이상으로 경직되는 문제도 반드시 짚고 넘어가야 한다. 어쨌든 민족 통일을 이루어야 한다면 가급적 파탄을 피하는 방향으로 움직이는 것이 장기적으로 볼 때 옳은 선택이기 때문이다. 국제 역학의 기본 생리로 볼 때, 공격적 인사들이 안보 전략을 주도하는 것은 상대적 약자인 대한민국에 어울리는 모양새가 아닌 점도 간과하면 안 된다. 실속도 없이 큰소리만 친다는 걸 이제 알 만한 국민들은 다 알고 있다. 철저히 수비 위주로 한 박자 늦게 움직이면서 우리가 가지고 있는 카드를 아껴야 한다. 주도할 수 없음에도 주도하려 앞에 나서면 우리 카드만 조기에 노출, 소진되고, 정작 논의 테이블에서는 일찍 퇴출당하기 십상이다. 수읽기에 밝은 수비형 인재들이 안보 전략을 주도해야 하는 것이다.

오늘의 대한민국은 뭔가 큰 변화가 필요하다. 정치인들 입장에서는 '그러니까 정치인이 주도하는 혁신이 필요하다' 고 할지 모르나 정치권 혼자서 온전히 감당할 수 있는 크기의 과업이 결코 아니다. 정치인들은 변화를 위한 과제를 선정한 뒤 해결할 수 있는 기본 틀을 만들어주면 된다. 그리고 전문가 집단이 철저한 연구와 분석을 통해 마련한 해결 방책이 현실화될 수 있도록 입법 활동과 예산 배정 등을 통해 적극적으로 지원해주는 것으로 소임을 다해야 한다.

무엇보다 정치인들은 정치 문화 수준을 높이는 데 팔을 걷고 나서야 한다. 현재의 정치 문화로는 한 발짝도 앞으로 나아갈 수 없다. 대립이 불가피한 진영 논리에서 벗어나 충분히 토론하고 결론을 도출하는 유연함을 보여야 한다.

군사 독재 정권의 폐해를 막는 데 주안점을 두었던 1987년 체제[26]는 국정감사 기능을 국회에 부여해 행정부를 견제케 하고 있는데, 이도 모자라는지 국회는 상시 감사 권한 도입을 두고 대통령과 첨예하게 대립하고 있다. 우리나라 국회는 세계에서 유사한 예를 찾기 힘들 정도로 막강한 권한을 갖고 있다. 심지어 사법부 소관이어야 할 시행령 심사 권한까지 갖고 있다. 이러한 국회 권한의 기형적인 비대화는 입법, 사법, 행정이 분리되어야 하는 삼권 분립의 원칙에 어긋나며

26 1987년 6 · 29 선언으로 대통령 직선제가 도입되면서 형성된 정치체제

행정부의 재량 판단 여지를 사실상 부인하는 것과 다름없다. 또한 선진국에서는 회계감사 역할만 맡고 있는 감사원의 역할을 키워 정책 판단을 감사의 주요 대상으로 삼고 있어서 관료들이 적극적인 자세로 정책을 개발할 의욕을 꺾고 있는 것도 문제다. 기껏 열심히 새로운 정책을 만들어 시행했더니 장점은 보지 않고 단점만 들춰 책임을 추궁당할 가능성이 높기 때문이다.

문민통치가 확고하게 자리 잡은 현시점에서 1987년 체제는 행정부의 재량과 전문성, 추진력을 필요 이상으로 제약함으로써 빛의 속도로 빠르게 변하고 있는 국제 정세와 국제 경제 질서에 제때 제대로 대응하지 못하는 문제점을 노출하고 있다. 특히 국회가 셀프 입법을 통해 국회의 권한과 기능을 스스로 키우는 것은 헌법상의 삼권 분립 원칙을 무력화시킬 가능성이 크다. 따라서 국회의 권한과 기능에 관련된 법률이 제정되거나 개정될 때는 헌법재판에 자동적으로 회부되도록 하는 방안을 적극 검토해야 한다. 대통령도 5년 단임으로 묶어 놓아 국내외적으로 대통령의 권위가 반감되는 역효과를 낳고 있다. 국가 권력의 잦은 교체로 국제무대에서의 외교력 저하는 물론 국내 정책의 일관성이 위협받는 심각한 문제점도 더 이상 방치하면 국가 경쟁력을 크게 갉아먹을 것이다.

아울러 장관을 비롯한 고위 관료들의 보직 기간을 3년 이상으로 충분히 보장하여 일관성과 전문성을 확보해야 하고, 대기업의 CEO 임기도 10년 이상으로 보장하여 장기적인 관점에서 선제적인 투자가 이루어질 수 있는 여건을 마련해야 한다.

1987년 체제는 이미 낡은 질서이자 구舊 체제에 불과하다. 1987년 체제를 대체할 새로운 국가 지배구조에 관해 지혜를 모으고 고민할 때가 되었다.

정치 기능은 중요성을 아무리 강조해도 지나치지 않은 국가의 기본 뼈대이다. 그렇기에 정치인의 수준 높은 자질이 중요하다. 자리보다는 가치를 추구하고 개인의 명예보다 국가와 국민의 앞날을 생각하는 정치인들이 이 땅에 필요하다. 《한서漢書》 〈가의전賈誼傳〉을 보면 백성의 공복公僕된 자는 '망신망가망사忘身忘家忘私'라 하여 제 몸과 제 집과 제 사사로움을 생각지 않는 삼망三忘의 마음을 가져야 한다고 했다. 국민의 투표로 선출되어 소임을 부여받는 정치인들이야말로 진정한 나라의 공복이어야 하는 것이다. 긴 안목을 가지고 '국민의 눈높이'나 '지지 세력의 눈높이'가 아닌 '역사의 눈높이'에서 전략과 정책을 평가할 안목을 갖추고 있는 정치인이 진정한 정치인이다.

아직 갈 길이 멀지만 우리 민족은 수많은 역경을 딛고 일어나 세계 속의 한국으로 자리매김하고 있다. 우리에게 필요한 것은 자기 과신도 자기 불신도 아닌 자기 긍정이며, 앞으로 나아갈 바에 대한 명확한 목표를 설정하고 치밀하게 추진하는 일이다. 어려움을 만났을 때 가장 두려워해야 할 것은 방향을 잃는 것이다. 새로운 국가 지배구조를 마련하면 대한민국호가 올바른 국가 대전략을 방향타로 삼아 폭풍우를 뚫고 순항할 수 있는 길을 찾게 될 것이다.

아! 대한민국! 길이 승리하리라! Vincero, Vincero, Vincero!

워싱턴에서는 한국이 보이지 않는다

제1판 1쇄 발행 | 2016년 10월 19일
제1판 7쇄 발행 | 2018년 9월 27일

지은이 | 최중경
펴낸이 | 한경준
펴낸곳 | 한국경제신문 한경BP
책임편집 | 윤효진
교정교열 | 신현대
저작권 | 백상아
홍보 | 정준희 · 조아라
마케팅 | 배한일 · 김규형
디자인 | 김홍신
본문디자인 | 디자인현

주소 | 서울특별시 중구 청파로 463
기획출판팀 | 02-3604-553~6
영업마케팅팀 | 02-3604-595, 583 FAX | 02-3604-599
H | http://bp.hankyung.com E | bp@hankyung.com
T | @hankbp F | www.facebook.com/hankyungbp
등록 | 제 2-315(1967. 5. 15)

ISBN 978-89-475-4146-6 03340

책값은 뒤표지에 있습니다.
잘못 만들어진 책은 구입처에서 바꿔드립니다.